教育
是最温暖的功课

主　编　高登营

副主编　刘孝雪　陈鹏先

编　委　白晶晶　曲晓平　秦　营
　　　　董成章　李　霞　刘明红

中国海洋大学出版社
·青岛·

图书在版编目（CIP）数据

教育是最温暖的功课／高登营主编. —青岛：中国海洋
大学出版社，2018.9

ISBN 978-7-5670-1935-5

Ⅰ.①教…　Ⅱ.①高…　Ⅲ.①班主任工作　Ⅳ.①G451.6

中国版本图书馆CIP数据核字（2018）第191091号

出版发行	中国海洋大学出版社
社　　址	青岛市香港东路23号　　邮政编码　266071
网　　址	http://www.ouc-press.com
出 版 人	杨立敏
责任编辑	张　华
电　　话	0532-85902342
电子信箱	zhanghua@ouc-press.com
印　　制	日照日报印务中心
版　　次	2018年12月第1版
印　　次	2018年12月第1次印刷
成品尺寸	170 mm×230 mm
印　　张	13.25
字　　数	157千
印　　数	1~1000
定　　价	34.00元
订购电话	0532-82032573（传真）

发现印装质量问题，请致电18663037500，由印刷厂负责调换。

序

随着社会经济的发展、生活水平的提升，社会和家庭对学校教育提出了更高的要求。而我们的学生大多是众星捧月般成长起来的一代，自我中心意识强但独立能力差，民主意识、维权意识强但集体意识弱，表现欲强但抗挫折能力差。面对相互矛盾的两个方面，我们班主任怎样才能循序渐进，使每一个孩子在德、智、体、美等方面全面发展，怎样才能使非智力因素与智力因素协同发展，使非智力因素成为学生的动力源泉而永葆前进的动力，以适应社会发展的要求呢？

每一个孩子在父母的眼中都是独特的，都是可爱而又充满灵气的。正如北京师范大学教授钱志亮所言，一个人能来到这世间，本身就是生命的奇迹。为师者，特别是作为班主任，面对这一个个生命的奇迹，面对每一个家庭里独一无二的孩子，应该拥有可迁移于所有孩子的父母之爱——师者仁爱。但即使如此，当你想着怎样才能与学生打成一片、做学生喜欢的老师时，可能因奔忙于大小事务而收效甚微，可能设身处地为其着想而反遭嘲讽，也可能因要求严格却激起其逆反心理。我们自我感觉为学生尽了心、费了力，可学生的反应却不尽如人意，往往伴随不理解、不领情、不重视、不认可、不配合等行为的产生。

学海无涯，教亦无涯。作为班主任，不仅要科学规范地严格要求学生，还要爱学生、尊重学生，为学生的发展做好引导与规划，开发学生的潜能与优势，使学生学会学习，在追求自己的乐趣中取得进步。但这一切的一切，都必须让学生理解，让学生自然而然地接受，内化到学生的思想认识深处，进而落实到行动中，才能见效果。要做到这一点，提高班主任工作的针对性、有效性，达到"春风化雨，润物无声"的育人境界，就显得尤为重要。

来自不同区市不同学校的几位老师为了一个共同的目标走到一起，这个目标就是立足工作实际，探索班主任工作实践中疑难问题的破解方法，把教育做成最温暖的功课。

高登营

2018年3月

目录

挖掘家庭教育资源，提高德育实效性

巧借外力

沟通的魅力

一份特殊的职责

班主任——一个神圣的岗位

青岛大学附属中学　白晶晶

魏书生老师曾说过："世界也许很小很小，心的领域却很大很大。班主任是在广阔的心灵世界中播种、耕耘的职业，这一职业是神圣的，愿我们以神圣的态度，在这神圣的岗位上，把属于我们的那片园地管理得天清日朗，以便我们无愧于自己的学生，以使我们的学生无愧于生命长河中的这段历史。"班主任的工作对象是各种各样的学生，工作内容多、杂、繁、重，要想做好，一定要灵活多变并充满智慧。班主任的岗位虽小，但需具备"六家"思想——释、法、儒、道、墨、杂，方能做起来得心应手，培养出更多更优秀的人才。

一、释家——普度众生，博爱仁德

"没有爱就不会有教育"，这是当好一个班主任所必须具备的先决条件，班主任要以真挚的情感和爱心去关心、爱护、尊重每一位学生，才能赢得学生的爱戴，就像释家一样普度众生，博爱仁德。漂亮的孩子人人都爱，爱不漂亮的孩子才是老师真正的爱。一位优秀的班主任需要拥有一双发现美的眼睛去欣赏班级中的所有孩子，不要因成绩的优劣、习惯的好坏，让这份博爱变成偏爱。

二、法家——不立规矩，不成方圆

班主任在接手班级之初需要建立一系列的班规以规范和约束班级中的每一个人，因为同学们需要良好的卫生环境和优良的秩序来保障学习，一个良好班级文化的确立，也离不开严明的纪律制度、严格的执行力度。木受绳则直，金就砺则利，所以班主任还得是个法家。

三、儒家——执法应严，处理应宽

学生本是天真可爱且无知的，在学校期间难免会因为调皮或者其他原因犯各种错误，但多数是无心之举。面对学生所犯的错误及存在的心理问题等诸方面的问题，班主任不妨学学儒家的中庸之道，执法应严，处理应宽，本着对学生负责的态度，灵活变通执行，达到既使其认识到错误又能改正错误的效果，更可以进一步提高学生的认识，起到意想不到的效果。

四、道家——无为而治

班主任是学生管理的主力军，也是开展有效班级工作、建设和谐班集体、促进学生健康成长的组织者和引导者。当班级出现问题时，作为主力军事事亲力亲为，有时反而得不到好的效果。道家思想的核心是无为，主张顺自然、因物性，无为并不是什么也不为，而是主张为而不恃，从其积极精神方面讲，道家的无为是为了达到更好的有为，乃至于无不为。我们处理班级工作时，也应学习道家，无为而治。比如班级中的后进生学习积极性不高，上课经常走神，若班主任强制要求其好好听课、好好学习，没有多大意义，而我们将这些问题"置之不理"，通过引导其他同学调动课堂氛围，借助小组加分等方式间接让走神的孩子精力集中，重获他们对课堂的喜爱，用无为的方式获得意想不到的收获。

五、墨家——博学多才，勇于创新

班主任既是一个管理者又是一个教育者，最可怕的是墨守陈规。我们每次面对的是生动活泼的人，需要教授的不仅仅是知识，更重要的是能力，要不断思考、因材施教地去培养学生的创新能力及创新意识，而创新能力就像种子一样，它需要一定的环境——包括土壤、气候，科学地灌溉、施肥、培养，才能发芽、生根、开花、结果。这样的环境就必须由班主任去创造。说班主任得是个墨家，并不是说要学墨子的思想，以兼爱为核心，以节用、尚贤为基本点，而是说要学墨子博学多才、擅长工巧和制作。传说他曾制成"木鸢"，三天三夜飞在天空中没有掉下来。学墨子那种勇于创新、善于创造的能力，创造性地开展工作，让学生多思考、多动手，亲身操作，在活动中、在班级事务中逐步培养创新的能力及意识。同时，身教大于言传，班主任创造性地开展工作，对学生也是最好的教育和培养。

六、杂家——上知天文，下知地理

班主任不仅要管理好班级的事务，而且还要协调好各科的学习。比如学生早上来了该背什么学科，该如何快速记忆。某些知识不会了班主任需要适时地加以指导。其他学科考试了，成绩出来后班主任需要负责分析学生进步与退步的原因，采取补救措施等等。班主任要像杂家一样，博采众家之长，多同课任老师交流，学习其他学科的基础知识及基本技巧，以便更好地指导自己的学生。

总之，有着释家博爱众生的胸怀，法家铁面无私的执行力，儒家中庸温和的变通能力，道家无为而治、因势利导、以柔克刚的手段，墨家创造、求新的意识，杂家博学多识的能力，应用手中十八般武艺，为学生的发展创设一个优良的班级环境的班主任是伟大的、值得尊敬的，班主任的岗位更是神圣的。

盲校中的班主任工作

青岛市盲校 李 霞

班主任的工作千头万绪，而在盲校当班主任，就更要考虑到学生的身体与心理特点。只有从学生的实际出发，才能真正做好盲校中的班主任工作。

一、关爱了解学生，营造温暖的教育环境

班主任要把特别的爱献给特别的学生，让视障学生在浓浓的师生情中，在温暖的教育环境中，心悦诚服地接受教育，健康苗壮地成长。盲校班主任尤其要注重施爱的方法，讲究施爱的艺术。

二、重视队伍建设，形成奋发友爱的集体

由于盲校是小班化体制，班级学生数量少，班主任必须充分发挥视障学生的自觉性和主动性，让每一个人都有为集体服务和锻炼的机会，提高学生的自我管理能力，促进形成奋发向上、团结友爱的班集体。

三、创新管理模式，培养学生良好习惯

班主任要根据视障学生的特点和班级发展特征，采取"目标管理模式""分组、分层、分级管理模式""合作学习小组管理模式"等管理班级，培养学生良好的行为习惯。

四、开展班队活动，引导学生自主发展

视障儿童依赖性强，活动能力弱。班主任要培养学生的主人翁意识，

使其主动地参与各项班队活动的决策、组织和管理，学会合作，体验成功。班主任要注重指导，力求人人有事做、人人有话说、人人有收获。

五、倡导健康舆论，弘扬自强不息的班风

班主任要通过"温馨教室"的文化建设，确定班训、设计班徽、创作班歌，倡导健康舆论，特别要提倡"我能行""残疾人能成才"的自强不息精神，形成积极向上的班风，增强班级的向心力和凝聚力，促进班集体的建设。

六、学习先进榜样，激励学生积极向上

班主任要组织视障学生学习先进人物特别是残疾人中的佼佼者（如海伦、张海迪）的事迹，让成功者的崇高精神和顽强意志震撼学生、影响学生。班主任还要树立班级里现实的先进榜样来激励学生，为班集体的发展增添内部动力。

七、科学评价学生，不断增强学生自信

班主任要坚持鼓励的原则，一切评价行为必须建立在有利于促进视障学生主动和持续发展的基础之上，褒扬学生在原有基础上所获得的进步，保护和激发学生的自尊心和自信心。特别是对多重残疾、学习困难、动手能力弱的学生，更要注重过程评价，强调其自身行为的变化。

八、注重个别教育，满足个体发展需求

个别教育是特殊教育的一大特色。班主任要根据每一个人的发展需要来给予有效的教育和帮助，也就是说个案研究、案例研究不仅适用于视障学生学科课程的教学研究，对其道德品质教育和行为矫正同样有着积极的作用。

九、密切教养管理，进行生活技能训练

班主任要和宿舍教养员密切联系、互相配合，使学生掌握自己生活需要的基本知识和劳动技能，适应集体生活，独立完成自我服务，学会自主生活，最大限度地减少视力残疾带来的影响，最大限度地发挥潜能。

十、提高责任意识，加强自护安全教育

保护视障学生的安全，是盲校教师义不容辞的最大责任。班主任要对视障学生反复进行行走、生活、游戏、休息、基本自护、自救和避险常识等方面的安全教育，增强学生安全生活的意识，掌握基本的求助方法。

十一、协调各方影响，形成有效教育合力

班主任要将学校、家庭、社会的力量形成网络，在校内要整合每位教师"教书育人"的影响力，在校外要最大限度地利用、挖掘、调动社会教育资源，特别是要让家长承担一定的教育者或训练者的角色。

十二、发展爱好特长，弥补缺陷，开启才能

班主任要鼓励视障学生扬其所长，支持他们在艺术、体育等方面有特长，开启残疾学生多种多样的智能，弥补缺陷。班主任还要做好学生家长的思想工作，让家长成为孩子物质和精神上的助推剂。

冰心老师说过，"有了爱，便有了一切"。作为一名盲校的班主任，要有更多的爱，使学生能够快乐学习、成长成才。爱是一种尊重，爱是一种鼓励，爱更是一个触及灵魂的教育过程。让孩子们养成良好的习惯，没有爱心是做不到的。实践证明，过分的表扬会使学生盲目自信、唯我独尊，必然会导致师生关系的紧张；对学生过分严厉，易使学生自暴自弃、不思进取，养成性格上的盲从和固执。只有"严""爱"相济，才能体现出对

学生真正的关爱。比如上课时特别注意面向全体学生，对他们一视同仁，尊重他们的独立人格，给予每位学生参加学习活动的机会；针对不同的学生，采取不同的方法，提出不同层次的问题，让每个学生在回答完问题后有一种成就感；当学生出现问题后，正确地教导，即使批评，也让其感觉到这是班主任对自己的关心。

总之，我认为做好班主任工作还不只是这些。作为班主任应有高度的责任心、上进心和使命感，运用科学的班级管理方法，把班主任工作落实到实处、细处。有人说："要给人以阳光，你心中必须拥有太阳。"班主任是教育者、领路人，只要我们的班主任心中拥有太阳，洞悉学生的心理，对学生教育动之以情，晓之以理，持之以恒，和风细雨，定然会润物无声，我们的班主任工作就会做得更好，实现著名教育家叶圣陶说的"教是为了不需要教"。我愿意在这平凡的岗位上继续奉献，把我的爱，我的情，都留给那些可爱的孩子们。

学习孔子教育方法　争做学生良师益友

青岛第五十八中学　杨家峰

五十八中教学楼前立着孔子像，"望之俨然，即之也温，听其言也厉"。五十八中的莘莘学子每日里正是在孔夫子的注视下进出教学楼，发奋学习，学有所成，德有所长，度过了三年高中时光。友好学校的外国学子们来到五十八中学习，临走前也一定会到孔子像前合影留念，其色必恭。

于漪老师在其著作《教育魅力》第四章中指出，教师教育魅力随教师角色自然而生，探寻教师教育魅力的源头，理清教师教育魅力的代际传承，对于当下的教师，有重要的参考价值。在历史的长河中，中华民族可以没有秦皇汉武、唐宗宋祖，但惟独不能没有孔子，否则我们的民族将何以维系？没有孔子的存在，就谈不上中国的文化；没有孔子教育方法的薪火相传，作为教师就很难做到学高为师、身正为范。孔子独特的教育魅力历经两千多年，时至今日仍熠熠闪光，让我们努力学习和研究孔子的教育方法，争做学生的良师益友。

一、做学习型教师——"学而不厌，诲人不倦"（《论语·述而》）

孔子认为，一个合格的教师，必须注重自身的学习修养，掌握广博的知识。孔子一生活到老，学到老，孜孜不倦，永不停止学问上的追求。他是一个不断自我约束、自我完善的人，不管他的知识多么丰富，不管他的境界多么崇高，他都没有放弃过自己的提升。他说："学而时习之，不亦说乎？有朋自远方来，不亦乐乎？"（《论语·学而》）这句话首先向我们指明了对待学习的正确态度：学习是人生的内在需要。人生来就有对未知世界的探索欲，因而会丰富自己，从无知变为有知。高中生正处在人生的花季，处在长身体、学知识的黄金时期。我们应该教育自己的学生，在美丽的五十八中校园里，有这么多优秀的同龄人和自己聚在一起学习是一件愉快而又值得珍惜的事情。

他说："君子不重则不威，学则不固。主忠信。无友不如己者。"（《论语·学而》）对于这句话大多是这样解读的：君子，如果不庄重，就没有威严；即使读书，所学的也不会巩固。要以忠和信两种道德为主。不要跟不如自己的人交朋友。我认为，"学则不固"应理解为通过学习才可以不断进步，才不至于思想固化，成为老学究。这样解读才能进一步指明学习对于一个人终生发展的重要性，并且对"不重不威"做出修正，防止走入假道学的歪路。"无友不如己者"解读为"不要跟不如自己的人交朋友"，是与孔子整个思想体系里的"仁爱"相悖的，解读为"不要以为你的朋友都不如你，要多学习身边朋友们的闪光点"会更好。也只有这样解读，这句话放在《学而》篇里才是恰当的。

他说："朝闻道，夕死可矣。"（《论语·里仁》）"吾十有五而志于学，三十而立，四十而不惑，五十而知天命，六十而耳顺，七十而从心所欲，不逾矩。"（《论语·为政》）当叶公在子路面前打听他，子路对他说："学如不及，犹恐失之。"（《论语·泰伯》）

二、做博爱型教师——"有教无类"（《论语·卫灵公》）

孔子热爱学生，诲人不倦，公平对待所有学生，不分地域、不论贫贱富贵，充分体现了他博爱的教育思想。他说："自行束修以上，吾未尝无诲焉。"（《论语·述而》）他不看学生出身，甚至不看个人经历，只要是真心求学，他都收于门下，就连以前有劣迹的人他都不拒绝。这些思想恐怕和孔子的个人成长经历也有关系。他说："吾少也贱，故多能鄙事。"（《论语·子罕》）孔子弟子有来自贵族阶层的，如南宫敬叔、司马牛、孟懿子；也有很多是来自平民家庭，如颜回、曾参、闵子骞、仲弓、子路、子张、子夏、公冶长、子贡等。对待这些来自不同阶层的学生，孔子作为老师，都用心教育，不分高低贵贱。他还特别鼓励出身贫寒的学生仲弓说："犁牛之子骍且角，虽欲勿用，山川其舍诸？"（《论语·雍也》）"吾少也贫。"孔子出身清寒，所以孔子这句话恐怕既是说给弟子听的，也是说给自己听的。英雄莫问出处，我们的同学只要自强不息、努力奋斗，一定会金榜题名，日后开创出属于自己的一片天地。

子曰："性相近也，习相远也。"（《论语·阳货》）"性相近"说明了人皆有成才成德的可能性，而"习相远"又说明了实施教育的重要性。正是基于"人皆可以通过教育成才成德的"的认识，孔子才作出了"有教无类"的论断。

三、做身教型教师——"不能正其身，如正人何"（《论语·子路》）

孔子严于律己，宽以待人："其身正，不令而行；其身不正，虽令不从。"（《论语·子路》）作为教师，我们的教育教学中，说教的成分偏多，许多时候，自己讲出来的东西，事后想想都不切实际，这样的话说多了，学生自然也就不买账了。孔子说："躬自厚而薄责于人，则远怨矣。"（《论语·卫灵公》）我们经常看到一些老师在教室里喋喋不休，可是走出教室，自己却做不好，怎么能怪学生不听话呢？俗话说，上梁不正下梁歪，说的就是，一个人要做一名好的教师，必须躬身力行，这种身教作用远远大于言传。

孔子说："己所不欲，勿施于人。"（《论语·卫灵公》）早在2500年前，孔子这句话便道出了做人的基本准则：从自己的内心出发，推及他人，去理解他人，对待他人，尊重他人。简单地说就是推己及人，将心比心，设身处地为别人想一想。这是一种换位思考，充满了人文关怀，是孔子的大慈悲心怀。

四、做智慧型教师——"不愤不启"(《论语·述而》)

把握教育的时机很重要。孔子说:"不愤不启,不悱不发,举一隅,不以三隅反,则不复也。"(《论语·述而》)这几句话向我们介绍了学习的方法:对待学习要实事求是,充满兴趣,要多问几个"为什么",同时要勤奋刻苦,珍惜时间。同时,这句话里也包含了深刻的教学法,要求我们教师果断抛弃"满堂灌"的老套路,一切教学都应该从学生出发,从学生的兴趣出发,"学案导学,以学定教"的教学模式就暗含了这个古老而鲜活的教育学定律。

作为教师,要充分调动学生的学习兴趣,有兴趣才有学习。孔子说:"知之者不如好之者,好之者不如乐之者。"(《论语·雍也》)他还说:"学而不思则罔,思而不学则殆。"(《论语·为政》)这告诉我们,无论学还是教,都要随时进行反思总结才能提高自己。

要了解学生,要注意教育对象的细微差别,采取因人而异的教学和教育方法。学生问同一问题,孔子的回答却不一样。如子路问孔子:"闻斯行诸?"孔子说:"有父兄在,如之何其闻斯行之?"冉有问孔子:"闻斯行诸?"孔子却说:"闻斯行之。"公西华不理解为何孔子对同一问题却有两种解释,孔子说:"求也退,故进之,由也兼人,故退之。"(《论语·先进》)意思是冉求好退缩,所以鼓励他大胆干;子路胆大好胜,所以要他请求父兄,有意约束他。所谓教育有方,就是指这个意思了。

用心做"智慧型"教师

青岛第五十八中学　杨家峰

俗话说：劈柴不对纹，累死劈柴人。教育是有规律的，我们应该孜孜以求地去探索。而这个过程有时需要探索者本人悠闲一点，可以品品茶，然后静下来用心思索。

人们对同一件事物总会有不同的看法，从事教育管理的人对"管理"两个字恐怕会有不同的解读。我认为，这两个字的重音应该落在"理"字上："管"仅仅是手段，"理"才是我们的最终目的。作为一名高中班主任，在不断学习和实践的过程中，我有了一点自己的心得和体会，就是两个字：和，中。

第一个字是"和"

青岛五十八中曾获"全国中小学和谐校园先进学校"的荣誉称号，这一荣誉对学校是实至名归，是学校领导大力倡导"和谐校园、文化校园"建设的结果。班主任作为学校这个大集体中的一个小细胞，有责任把学校的理念和大政方针落实到日常班级管理之中，努力构建"和谐班级"，营造一个和谐、进取的班级氛围。

构建"和谐班级"是一个必然要求。学生，特别是高中学生，几十个人组成一个班级，每天在教室里努力学习是为了什么？是为了取得优秀的高考成绩，考入理想的大学。我们老师每天起早贪黑、努力工作是为了什么？是为了帮助学生取得更好的成绩，实现他们人生的理想。可见，老师和学生的目标完全一致，是为了完成同一目标而并肩战斗。所以，从这一

点上讲，老师和学生是"战友"。新班级组建之初，我就把这种师生之间的
"战友"关系向同学们说明，得到了大家的认可。家长会上，我又讲给家
长听，同时把家长也变成了"战友"。

构建"和谐班级"是一个必需要求。我给学生灌输"高高兴兴学好"
的思想。这里面有三层意思。第一是要学，努力学；第二，光努力学是不
行的，还要努力学好；第三层意思，"高高兴兴"与努力学习不是矛盾
的，"高高兴兴"是一种昂扬的精神状态，是一种强烈的自信，充满斗
志。只有在这种状态下，才能使学生的潜能得到最大程度的开发，提高学
习效率。在一个压抑的、沉闷的、唉声叹气的、情绪低落的环境里是无法
取得好成绩的。

构建"和谐班级"需要一个前提条件，必须认识到现在的学生都是非常
优秀的，老师在内心应欣赏我们的学生，激励我们的学生。从横向对比来看，
我们的学生都是同龄人中的佼佼者；从纵向对比来看，伴随着我校这几年的跨
越式大发展，我们的学生一年比一年好，学生从精神面貌、文明礼仪到日常规
范、早操课间操，再到学习态度、自习纪律，都让人非常放心。教这样的学
生，不是一件很幸福的事吗？仅这一点，就足够让人羡慕我们的了。

如何营造一个和谐、进取的班级氛围？每位班主任都有自己的独到之
处。我把自己在日常班级管理中的几点做法给大家汇报如下。

1. 开学后的第一个班会，我就给同学们在黑板上写下两句话作为班
训：昂首挺胸，敢树雄心壮志；奋力拼搏，誓夺高考辉煌。随后，制作成
对联贴在教室前门两侧，希望借此起到潜移默化的作用，打造属于班级自
己的"班级性格"。

在平时，我会根据学生状态和实际需要随时在黑板上写下一些话来达
到激励或鞭策的目的。新班级组建一个月，我们班就举行了升旗仪式。我
把这次升旗仪式对我们这个新班级的意义向同学们仔细说明，所以大家训
练得都很认真。在9月26号升旗的前一天晚自习6:10的时候，我在黑板上

写下了两行大字："明天的升旗仪式将宣告高三（5）班这个新集体的真正诞生！"当时教室非常安静，当我写完后转过身的时候，教室里响起了雷鸣般的掌声。同学们被感染了，同学们的振奋和激情又感染了我。这个时候，高三（5）班教室激荡的是对这个新集体强烈的归属感。而这整个过程中，我和全班同学谁也没说一句话，最后只是用手在空中虚按了几下，示意同学们安静下来。

期中考试动员的时候，我在黑板上写的是"我的目标，我来实现"。

家长会后的班会课上，我下发了级部统一布置的"家长写给孩子的心里话"。很多学生看了家长的话，触动很大。从一开始有学生抽搭鼻子，不断拿纸巾擦眼泪，到最后有些学生趴在桌子上哭出了声，我担心学生情绪波动太大，晚自习时便在黑板上写下"犁牛之子骍且角，虽欲勿用，山川其舍诸"来鼓舞大家。

2. 我在班级中不断向学生灌输"你很努力，你很优秀，没问题，你能行"的信念。我想，骗子抱着害人的目的说假话都能骗人，我们老师抱着好的目的，说的又都是真话，一定能使学生相信自己，突破自己。在这一点上，我们协调组的六位老师通过高三级部组织的几次协调会意见得到完全统一，有着良好的默契。老师们不时地表扬学生"你们班上课听讲很好""你们班很乐意钻研""某某同学这次作业完成很好"等诸如此类的话。我们相信，批评到达不了的地方，赏识和表扬或许能畅通无阻。

3. 细心一点，让学生感受到你的关爱，对于营造和谐的班级氛围也很有必要。比如：

搬入高三楼打开空调之前，我先找来螺丝刀把滤网拆下查看，发现滤网上的灰尘很厚，很脏。我便对滤网进行了仔细冲洗，保证学生的身体健康。

教室里桌椅的摆放也要用心。我要求教室每一排桌子对准地面大理石的线，一方面是为了整齐，另一方面是为了保证第一排同学上课不受黑板反光的影响。

教室门开关时容易吱嘎作响，影响学生学习。我发现后，从家里找来机油，用注射器滴到门轴上，问题立刻得到解决。学生看到后，很是佩服我，好像我真的很厉害似的。

第二个字是"中"

中庸之道，执其两端而用之。这一端是不及（是右派），另一端是过（是左派）。过犹不及，在班级管理中，要时刻注意这一点，尽量做到不左不右，恰到好处。

我们以学生的学习时间和学习成绩为例来进行说明。

我们往往认为，力度值和效果值是一个简单的正比例函数关系（越努力，结果越好），但实际上，它们之间的关系更像是一个开口向下的抛物线图像（一旦过了某个点，它们之间的正相关关系便会变成负相关关系）。所以，我给高三的学生和家长建议晚上回家学习不要超过11点半。我给他们算了一笔时间账，从早晨6点多起床到晚自习一直上到10点，用心学习的话已经很累了。如果晚上再熬夜很晚，很难保证每天7个小时的睡眠时间。长此以往，必然导致学习效率的下降、情绪的低落，进一步将导致学习成绩的下降。

"一箪食，一瓢饮，在陋巷，人不堪其忧，回也不改其乐。"很明显，颜回学得很累，又没有娱乐，已经到极限了。如果班级里有这样的学生，我一定告诉他："别学了，出去活动活动吧！"再让家长给他做些好吃的增加营养。可惜他的老师是孔子，并且孔夫子还不时夸上一句"贤哉回也"。这下坏了，颜回想玩也不好意思玩了。

任何事物都有两面性，都需要辩证地去看。这里的关键就是对"度"的把握。列宁也说过："只要再多走一小步，仿佛是向同一方向迈出的一小步，真理便会变成谬误。"

但如何把握这个"度"？如何做到恰到好处？比如，夸人身材好，增一分则太肥，减一分则太瘦，这算是恰到好处了。但有人就喜欢胖一点，有人就喜欢瘦一点。那怎么办？看起来好像全凭自己的主观把握，实际上还是有一些客观原则可作为判断依据的。

一是要把单一的事情放到系统中去考量。

比如晚饭时间问题。我们学校的晚饭时间是下午5:40，之后6:20看电视。很多班级都要求学生6:05必须进入教室。我们可以替学生考虑一下：下楼5分钟，排队买饭5分钟，吃饭15分钟，再去一趟卫生间——时间本来就紧巴巴的。如果班级规定6:05就进入教室学习，从单一层面上看，确实让学生多学习了10分钟。但不要忘了，人是一个系统，学习本身是一个系统工程，成绩的影响因素是多个方面的。站在其他层面上考量，这挤出来的10分钟有点"得不偿失"。其一，从学生的身体成长角度考量：为了按规定到达教室，在来不及的情况下，很多学生晚饭就会应付一下，比如在下午大课间买些食物充饥。高中三年如果总是这样，很容易得胃溃疡，营养不好，最终影响学习成绩。其二，从学生的情绪心理角度考量：如果学生每天从早到晚都在高强度学习而没有一些放松时间的话，很容易情绪烦躁，导致学习效率低下。晚饭后让学生散散步，聊聊天，对于调整状态，保证学习的高效率、可持续化很有必要，磨刀不误砍柴工。其三，从具体的学习需求上来考量：学习过程中产生的问题需要一个自由的时间相互讨论，问同学，问老师，以求解决。不要忘了，我们的自习课是不允许讨论问题的。综上可以看出，晚饭后的一点自由时间对学生是弥足珍贵的。学校领导正是看到了这一点，才实行了错时下课，并且晚自习时间后移，我非常赞成。

二是要用分析的方法细心的计算得与失。

闻名于世的美国讽刺小说作家马克·吐温曾讲过这样一件事。有一次，他走进一个教堂听牧师说教。说教的目的是让人们为这家教堂募捐。最初，他觉得牧师讲得很有力量，也很感人。于是，马克·吐温下定决心，待会儿捐钱的时候把自己口袋里的钱全掏出来。可是，十分钟过去了，牧师还在滔滔不绝地讲着。这时，马克·吐温已经觉得牧师讲得不如先前那么生动、那么感人了。他开始有点心烦，于是，他又下定决心，待会儿捐钱的时候，只把自己口袋中的零钱给他们，留下整钞。但是，又一个十分钟过去了，马克·吐温已经不耐烦了，可那位牧师仍旧唾沫星乱飞，而且还没有住口的意思。这时，马克·吐温觉得他讲得一点也不怎么样，甚至开始憎恶那位牧师。所以他对自己说："待会儿我只好一毛不拔了。"等到牧师终于讲完，托着收款的盘子来到马克·吐温面前的时候，马克·吐温忍无可忍，出于对牧师的厌恶，不但没有捐钱，还从盘子中拿走了两元钱。

这个牧师一定没学过唯物主义辩证法，也不知道中国的成语"过犹不及"。牧师的目的是让别人捐钱，他应该计算出听众能把口袋里的钱全掏出来的时刻并停下来收钱。那么，这个故事对我们教育有什么启示呢？班主任在班级中做学生工作也需要计算最佳方案与最佳时刻。要不断反问自己："我需要讲吗？不讲，把有针对性的话写在黑板上好不好？现在就讲还是过段时间讲？单独谈还是集体讲？早自习讲还是下午自习讲？一上课的时候讲还是临下课前5分钟讲？是太浮躁需要用严厉的语言压一压呢，还是太沉闷需要用活泼的语言鼓动鼓动？自己的语言是否简洁？自己的语言能否切中要害，抓住学生的心理，达到效果？"等等。

要说明一点的是中庸之道不是折中糊弄。"执其两端而用之"好比驾驭马车。在走直路的时候，把左右两个缰绳都放松，不要忽左忽右乱折腾，这叫中庸；需要拐弯的时候，要把内侧的缰绳使劲拉，这也是中庸，否则马车就走到歪路上去了。"御"作为六艺之一，孔子不是教人做出租车司机，而是用来学习中庸之道的。

班级管理中，中庸不是松散，不是放纵。班级管理中也有两个缰绳：左手"严"，右手"宽"。要做到宽严相济，需要严格的时候一定要严起来。

教育工作可能有点枯燥，没有什么波澜壮阔，但教育也是充满智慧并让人感到快乐的。投身教育事业，一种充满自豪的幸福感会不时地从心底里冒出来，令人陶醉。

有样儿

青岛第五十八中学　李翠玲

　　"有样儿"这个词来自于范伟的一部电影《有完没完》，讲述的是范伟所饰演的老范对孩子特别负责任，含辛茹苦干着非常辛苦的职业，然后给孩子在物质上极大的支持，但是在精神层面上可能缺失一点，然后在愚人节老范生日这天，他的人生陷入"死循环"后，突然想明白了人生活着的意义，最终成功塑造出儿子心目中英雄老爸的模样，从小人物变成了一个英雄爸爸，最后儿子自豪地称赞老范："老爸，有样儿！"

　　其实，在现实生活中，孩子对自己的父母有着一定的心理预期，对待老师，特别是班主任也是如此。在他们心目中，在某些时间、对待某些事件，作为班主任"应该"有这样或者那样的表现。如果你做到了，那么你在他们心目当中就是"有样儿"，从而更加坚固了你在他们心目中的权威地位。

一、有时候，你得有个"无情样儿"

　　还记得刚接手这个班的时候，自己曾有个比较偏执的认识，作为一个自主招生班，应该什么方面的能力都要强，因此在很多方面我都希望他们能够展现出自身的能力，但是，结果并不很理想。记得有一次跟一位班委交流的时候，他曾经跟我说："有时候，老师你应该狠一点！"

　　细想想很多时候，在他们的初高中过渡的一些问题上，自己是有缺失的。特别是对于自身优越感很强的他们，有时候确实需要我给他们撕去华丽的表象，暴露出他们真正的问题。

　　××同学，一个能力很强的大男孩。对他印象最为深刻的就是，每次的家长会后他妈妈领着他挨个办公室找老师交流、找问题。而每次听到他说的最多的是，都是失误，"这个写错了""那个算错了""这个我其实都会，就是不知道为什么考场上没反应过来"……时间一长，他真的相信了他自己分析的这些"原因"，而起初的那股迎头赶上的干劲儿也在一次又一次的成绩不理想中慢慢消磨殆尽。

说实话，我开始也以为真的如他所说的那样，于是我鼓励他，希望能够给他信心。但是随着我对他的观察，越来越觉得他说的"原因"其实都是假象，真正的原因并不是这个！

又是一次考试失利，是特别的失利——班级的最后一名！原本以为他会幡然醒悟，但是当我找到他的时候，并没有感觉到任何的情绪，而是一种麻木，对这个结果的麻木。

"老师，我已经很努力了。"

"老师，整天像他们那样坐在那儿多累啊。"

"老师，我就是觉多。早上六点起，我就一上午都模糊；如果喝咖啡提神，结果中午就睡不着了；中午睡不着，晚自习就又犯困，效率就提不上去，作业都写不完，更不用说安排自己的事情了。"

……

"你所说的所有努力，都是在你的舒适区内的努力！而这些真的就是你的努力？"我从班里成绩好的同学讲到班里那些虽然成绩暂时不理想但是依旧每天非常努力的同学，一点点领着他去看教室里的同学们每天都是怎样度过的。而与这些相比，他的那些所谓的"努力"都变得那么微小。

"你的最大问题，就是对自己不够狠！如果你还是认为你已经努力到你无能为力了，那我没有别的话说，那么咱以后也就别对成绩有所期盼；但如果你想找到自己真正的状态，那么就请你走出你的舒适区，好好想想你还可以再做点什么。"

开始自己还有点担心，是不是说得太直接，但是从那时起，这位同学真的跟变了一个人一样。每天脸上的神情、上课时的眼神，无不透露出他的改变。渐渐地，他的成绩开始慢慢提升，而他也开始忘记那些"理由"，开始学着客观地看待自己。

二、有时候，你得有个"温情样儿"

能够进入这个班级的学生，都是初中老师的"心尖尖儿"，当年在初中也都是叱咤风云的佼佼者。但是进入这样一个优秀的班级，终归避免不了有个比较，不可避免地会有心理上的落差。而不同的学生面对这样的问题，表现是不一样的。内心坚强的就会迎难而上，愈挫愈勇；而内心比较脆弱的，则会一蹶不振，表面则会用一种"无所谓"的假象去掩饰自己内心的脆弱。这个时候，批评只会让他们更"绝望"，而他们最需要的其实是我们的认可与鼓励带给他们的力量。

××同学，一个文静又有气质的小姑娘，是很多男孩心目中的女神。高一上学期成绩虽然不稳定，但是整体还不错，不过在理科方面稍显吃力。自打寒假结束回来之后，成绩一蹶不振，整个人感觉心思就不在学习上。

开始，我以为可能是出现了青春期的异性交往问题，还跟她妈妈交流过，希望能够引起重视。渐渐地，在我跟她妈妈交流过程中发现，其实是我想的太片面了，也许孩子曾经真的因为这方面有过困扰，但是真正的原因并不是这个。

孩子妈妈从事的是艺术方面的工作，开始因为孩子乖巧懂事，也就很多方面都依着孩子，但是当孩子成绩出现问题的时候，孩子的妈妈很着急，跟孩子之间的交流也就显得过于严厉，孩子表现出的是油盐不进。因此在一次考试之后，我们三个来了个"三方会谈"。其实，主要还是我在说。

依旧记得孩子在妈妈的陪同下进入我办公室时惊恐的神情，还有孩子妈妈那言简意赅的话语，"趁着我跟老师都在这儿，你赶紧说说你到底是怎么回事，以后打算怎么做。"

瞬间我就改变了我的计划——这个时候谈问题其实是次要的，我想首要的任务是要让孩子对自己恢复信心。于是我开始从她进入高中之后的表现跟她一起回忆，从她之前对高中生活的态度，再到她这个学期的反常，肯定她的能力，肯定她的潜力，但是也指出了这学期的一些不应该有的表现，例如上课发呆、遇到问题不解决、不主动、不积极等等。其实这些问题我不说，她自己也清楚应该调整。只是她现在需要一个和她一起前行奋斗的伙伴。也许下一次考试，我给她定的目标实现起来有点吃力，但是当我看到那专注的神情又回到她脸上时，我就知道，之前的她又回来了！

三、有时候，你得有个"妈妈样儿"

虽然高中生都已经是十五六岁的年纪，个个内心装着个"小大人"，但在很多方面还是个孩子，尤其是在生活方面。在家过惯了衣来伸手、饭来张口的生活，在学校里脱离了父母亲人的照顾，就开始毫无顾忌地"作"起来。这个时候，作为班主任的我就开启了"妈妈模式"的唠叨。例如，刚跑完操后不能立即吃冷饮，刚吃完饭不要到操场上进行剧烈运动，平时多喝水、少喝饮料……特别是到了夏季开始出现高温闷热的天气的时候，学生们就开始嚷嚷着开空调。这个时候由于教室内温度分布的不均衡，就会导致靠近空调的学生冷得要命，而远离空调的学生感觉不到凉意。因此，每到这个时候就会出现因为身体耐不住空调而感冒发烧的情况。所以，我跟学生摆事实、讲道理，只要天气还算凉爽就要坚持，有时候还要以身作则，和他们一起跑操、一起流汗，然后回到教室教会他们什么叫"心静自然凉"。当然，当温度确实应该开的时候也要开，这样才会让学生体会到之前所说的道理是真的为他们考虑。

班主任，其实就是学生在学校里的大家长，虽然孩子们嘴上不说，但实际上对我们也有着类似父母一样的心理期望，都希望自己的老师能有样儿！相信只要我们"有样儿"，孩子们自然也会"有样儿"。

一份脑力活儿
——论班主任的大智慧

做学生成长的引路人

班主任应该如何表扬学生

天天见微笑

为每一个学生的幸福人生奠基

《论语》中的班级管理秘籍

让爱从记住名字开始

信任的力量

春天，不只有花香——给中等生多一些关注

批评教育中的积极心理学

心理效应连环用，班级管理变轻松

做学生成长的引路人

青岛第五十八中学　刘孝雪

高中是人生路上十分重要的一段时光，能够在这个时期陪伴学生，为他们解决种种困难，在我看来，是一件很荣幸的事情，我很享受，也很珍惜。在16年的工作中，我深深感受到，要做一名成功的班主任，不只是靠勤奋或者严格就能做好的，而是要掌握一定的原则，这些原则包括关爱、理解、鼓励、平等、创新、合作等。班主任作为学生成长的引路人，就要抓住这些原则开展工作。下面，我结合自己的工作谈其中几个方面的做法。

一、以关心爱护感化学生

有一个故事，讲的是北风和太阳争论谁最有力量。他们比赛看谁能最先使路人脱去衣服。北风首先发威，它面目狰狞，肆无忌惮地用尽力气呼呼地吹，吹得飞沙走石，天昏地暗，却始终吹不去路人的衣服。相反，北风吹得越凶，路人把衣服裹得越紧。最后，北风垂头丧气地放弃了。太阳出场了，它微笑着，慢慢地释放出全部热量，温暖驱散了严寒，暖和了大地，也暖和了路人。路人开始脱衣服了，一件、两件，最后干脆脱个精光，跳到小河里去洗澡了。自然，太阳获胜了，它用温暖的笑脸赢了粗暴的北风。这个故事告诉我们，对待学生，温暖的关爱胜于粗暴和严厉。

初入高中，许多学生，尤其是住宿生还有较为严重的思家情结，班主任几句关切的话语，就足以让他们信心满满。但是，在这个过程中必须注意技巧，不能盲目关怀。有一位女生，从来不曾离开过父母，来到学校后，头两个周每天晚上都要边哭边打电话回家，开学一个月了每个星期天离家来校时还要哭红眼睛。家长让老师一定要严格要求，不能让她回家。靠班主任的严格去施压行吗？肯定不行。我时不时跟她聊天，询问她的睡眠情况。但是，过了没多久我发现，这个办法没用，她对父母太依赖了，这么折腾也睡不好觉。我调整了一下方法，任命她为宿舍舍长，另外和她父母商量如果哪晚睡眠不好，第二天晚上可以请假回家，但每周仅限一次。没想到此办法不到一个月，问题就得到了解决。一方面通过过渡适应了住校生活；另一方面做了舍长，责任多了，能够以身作则；在一个宿舍里也结交了好朋友，减少了想家的念头。

有一天晚上近11点了，我突然收到一条家长短信："刘老师您好，孩子刚才来电话，她肚子痛，吐了几次，我和他爸都在国外，能否请老师安排同学和她一起去医院看看。"我知道孩子家里平常只有年迈的姥姥照顾她和妹妹，但为了安全，半夜也不能让其他学生陪她出去，于是我开车带她到医院急诊看病、输液一直到深夜两点多再回去。事后这位平常沉默内向的女生给我写了一封感谢信，而且明显比以前要听话懂事了，经常在同学中维护我。我经常想，如果每个学生都能体会到老师的关爱并付诸行动，我们的班级管理还会有什么困难？

关心爱护学生，是教师这一职业的要求，但是，单方面的爱护关心是不够的。这一代孩子在家里太受宠了，不大懂得去关心和尊重别人。我对学生说，只要尽力了，学习成绩差不要紧，这个社会提供了多种成才的途径，但是尊重师长是学生的基本素养，不懂得这一点，说明你所接受的家庭和学校教育是失败的。在日常生活中，我们提倡互相关心爱护，不仅限于同学间，对老师也要关心爱护，要懂得为老师着想。平时有老师因身体不适或事务缠身无法及时解决你的问题，要体谅老师。师生间的相互关心爱护是建立和谐的师生关系最有效的方法。

二、以换位思考理解学生

先说一则小故事：一位母亲带着5岁的女儿去逛商场，琳琅满目的服饰让这位母亲兴奋不已，但女儿却在哭闹，她很不理解。当她蹲下来安慰女儿的一瞬间，眼睛看到的竟是一些动来动去的腿，不但全无美感而且令人烦躁不安。不同的高度看到的东西完全不一样。

"你知道自己学生的真实想法吗？"这句话经常在我脑中出现。是的，只有走进学生的心里，才能了解他们的真实想法，我们班主任的教育才会产生效果。如何走进学生心里？换位思考。

学校组织的辩论赛，我们三四班组合准备得相当充分，可还是败了，中间还有一些小误会。记得那是个周三，我从青岛一中参加完教研活动回来已经很晚了，得知这个结果我也很难过。一场辩论赛，既然输了就算了，争取其他方面取胜。为了安抚同学们，我开了一个小班会，提出：重在参与，不为失败找理由，只为成功找办法。既然已经失败，就不再去追究其中的原因，这是作为老师的想法。以我们的角度来看这个问题，处理恰当，但效果恰恰相反。当我晚自习第二节再次走进教室时，发现参加辩论赛的两位同学并不在班里，同时收到一位同学的来信，言辞愤慨，大致意思就是"老师你太不理解我们的心情了，不能为我们争取公平"。

班里的一位辩手事后在一篇文章中写道："辩论赛我们以0.3分之差败给对手，或许大多数人并不理解那种失落，但对于我这种极度自信而怯于面对失败的人来说，是一种很难接受的打击。我认为愧对同学、老师，便自作主张跑到信息楼的一个角落和队友一起去消化失败。黑暗的疗伤效应是很强的，但之后接踵而至的是一种强烈的恐惧，我旷了一节自习课，同学都不知我的去向，老班会怎么处理我？下课的铃声虽然欢快，但我却无法踏着它的节拍。回教室的路好漫长，更多的是恐惧和惴惴不安。远远地看见那昏黄的灯光下矗立着一个身影，不用说，那一定是班主任，我的脚步开始发抖，那段路其实我不知道是怎么走过去的。"

"见到老班，本以为他会生气地说：'你们去哪儿了，不想回来就别回来了。'可他第一句话却说：'回来就好，回来就好。'我对老班说有些害怕面对同学，因为他们对我抱有很大的期望。老班没说什么，拍了拍我的肩膀，示意让我进班了。推开门迎来的是一阵最热烈的掌声，老班在旁边低声对我说道：'你看见了吧，你们没输。'后来我才知道我们失踪的那一个小时，老班跑遍了整个校园。或许他那一个小时里，充满了我们想象不到的煎熬。"

回想整个事件，我很惭愧，因为教研活动没能和班里学生一起参与辩论赛的整个过程，可能就无法体会他们那种受挫败的心情。仅以老师的角度去改变学生的想法是很难的，试着从他们的角度去看问题，陪他们去体验、去共鸣，可能会解决得更好。最后我们组织了一场班级内部辩论赛，辩题是英雄自（不）以成败论。通过这场辩论赛，一方面平息了因辩论赛失败引起的抱怨，另一方面也达到了正确看待成败的教育目的。

一位著名的班主任说过，班主任就是"首席学生"，要想当好班主任，首先必须是一个学生。他如同一面旗帜，带领学生一起去学习、一起去感悟、一起去成长，这样的班主任是让学生敬佩与喜欢的。我想学校组织全体老师"做一天学生"的活动就是让我们学会换位思考，更好地因材施教。

三、以平等意识善待学生

所谓平等，一是全体学生一律平等，把班主任的阳光照射到班级的每个角落，填平各层次学生的心理鸿沟；二是教师与学生平等，教师一定要从心里放下架子，把自己当作学生的伙伴，平等地交流引领，促进学生发展，与学生一起成长。

新学期要开始了，一所美国学校招聘了一批新教师，在上岗之前，要对教师进行必要的培训，在培训班结束的时候，请校长做总结。校长说：
"我在专业上没有什么要讲的了，下面给你们提出四条建议，希望你们能接受。

第一条，建议你们要爱班里学习好的学生，因为他们将来都会成为专家、学者、知名人士，还有可能获得诺贝尔奖，等我们学校搞校庆的时候，要请他们回来装门面的，如果你不爱他们，将来他们会来吗？

第二条，建议你们要比爱学习好的学生更爱学习中等的学生，因为将来他们很可能上师范，很可能回校任教成为你的同事，如果你不爱他们，将来同事关系怎么搞？

第三条，建议你们要比爱前两批学生更爱学习差的学生，因为他们将来很可能成为大款，等我们学校搞校庆的时候，要靠他们捐钱的，如果你不爱他们，将来他们能给钱吗？

第四条，建议你们要比爱前三批学生更爱那些顽皮捣蛋的学生，因为将来他们可能会成为议员、当领导，等我们学校搞校庆的时候，要靠他们撑腰的，如果你不爱他们，将来会有好果子吃吗？"

这个故事告诉我们，无论面对怎样的学生，我们都要"爱"他们，不能有偏见。作为班主任，面对学习差、行为差的学生首先要拿放大镜去找他们的优点，了解他们的内心世界，因为在别人眼里，常常是一差百差。在这种情况下，老师能够发现他们的优点并给予鼓励和表扬，那学生对你的感激，真的是发自内心的，而且往往能记一辈子。所以，我们带过的学生中，对我们最有感情的，往往是那些当初的"差生"。另外，还要教育学生特别是优秀学生团结友爱，搞好同学关系，特别是与后进同学的关系，积极倡导、鼓励优秀学生与后进生结对子，帮助同学进步。在宿舍安排上，注意成绩的搭配；在座次排位上注意好差结合；充分重视学生的性格互补；在班会、团队活动发言和班委会组成上，注意多给后进生表现的机会和位置；使他们时刻感受到班级的团结、友爱、平等和温暖，没有歧视、冷漠和偏见，使他们时刻感受到自己对班级的价值，在良好的班级氛围中、在潜移默化中得到有益的影响和帮助，从而更好地激发他们的学习积极性。

四、以系列班会引领学生

高中是每个学生青少年时期走得最辛苦的一段路程，学生会有种种复杂的心理，而处理这一问题最好的方法，未必是个体的一一处理，我以为更好更有效的办法，是让全班人树立共同的信念，一起去冲，一起去拼，在携手拼搏中忘却个人的恐惧和懦弱。如何树立共同的信念和目标，形成正确价值观？最有效的办法就是班会。

从2011级学生开始，我觉得做得最成功的事情就是班会。以前的班会都是学校统一要求，我或者学生按照主题去完成。今年有了长足的进步，除了完成学校统一主题的班会外，我们还组织完成了自己班级的系列主题班会。我们将全班56位同学分成十个班会小组，每个小组负责一个主题，制作PPT，主持一次班会。学生分组依据三个原则：男女搭配，干活不累；学生按能力强弱搭配；学生按性格内外向搭配。我把这个系列班会叫作人生规划系列主题班会，包括的主题有：（1）我的理想我的梦——目标与人生；（2）意志力、自律与人生；（3）学会生活——勤奋与人生；（4）学会学习，学会创造——知识、能力与人生；（5）学会关心，学会负责——爱心、责任与人生；（6）学会合作——人际关系与人生；（7）习惯决定命运——习惯与人生；（8）心理素质与心态调整——心态与人生；（9）亲情与人生；（10）花季的选择——恋爱、婚姻与人生。

十次班会，十个小组主办下来，我们对同学有了新的认识。每个小组都有自己的主持人，每个人都不愿意失去这个难得的锻炼机会，有些内向的同学一上场就脸红、声音小、听不清，但台下的学生很会配合，适时为他加油鼓掌，鼓励他坚持到最后，到了最后脸不红了，声音也变大了。经过老师指导、由学生办的班会更能引起学生共鸣。比如我们召开过恋爱和婚姻主题班会，我们以"花季的选择"为题教育学生树立正确的异性交往观念和行为。整节班会以一个真实的异性交往故事引入，在故事的讲述过程中，我作为老师没有教学生这个事情应不应该做，或者说学生一定要怎么做，而是让学生结合自己的经历讲述你是怎么处理的或者是你可能会如何处理，并互相探讨不同处理方式可能导致的结果会如何，你能否承受。随着故事的深入一步一步将情节推向高潮，也一步一步将学生引向深思。

这十个系列班会，收获颇丰：（1）让学生懂得了人生规划的重要性，并对自己的人生有了初步的规划；（2）让每一个学生都参与其中，获得亲身体验，通过分享又从同伴身上获得间接体验，由于年龄相近，这种间接体验特别容易产生共鸣；（3）在准备过程中学会了分工合作，增进了同学间的了解和友谊；（4）做主持人锻炼了自己的胆量、口才，对不少同学来说是一次对自己的超越，因为很多同学从来没有这样的表现机会，当有些主持人一上场就胆怯的时候，全班同学都学会了包容和互相鼓励；（5）学会了制作精美课件，也减轻了班主任的工作量；（6）留下学生或精彩或羞涩的瞬间，成为学生成长的见证。

作家叶倾城曾写道："猴年马月是真实的存在。在这个世界上，只有太过轻藐的心，不够努力的人，而没有什么，是真正不可能实现的。"工作16年了，我的学生也陆续进入了全国的各大高校、各个单位继续他们的追梦之旅，而今天的我，也在继续研究，和大家共同探讨班主任工作之法，继续我的追梦之旅。

班主任应该如何表扬学生

青岛市崂山区第一中学　曲晓平

在班主任工作中，表扬是最重要的工作手段之一，如果运用得恰到好处，不仅能够使学生充分建立起自信，诱发出其内在的克服困难、积极向上的激情和动力，还会使良好的道德行为在班集体中得到及时的推进和强化。古语说"良言一句三冬暖，恶语伤人六月寒"，由此看来，作为班主任老师，切勿恶语、恶行随便伤人，一句不经意的赞扬或鼓励，往往使学生如沐春风，精心设计的表扬，更能取得良好的教育效果。

班主任的表扬就其对象来说，包括对班干部的表扬、对优秀学生的表扬、对后进生的表扬、对一般学生的表扬、对班集体的表扬等。本文主要谈谈对优秀生和后进生如何进行表扬。

一、班主任对优秀学生的表扬艺术

优秀学生是指那些思想进步，学习成绩突出，有健康的体魄，积极主动参加各项活动，在学生中威信高，能出色地完成学校、老师交给的各项任务的学生。

（一）对优秀学生表扬的原则

1. 以鼓励为主

优秀学生是班级的中坚力量，是班级工作的积极支持者、各项活动的主动带头人。他们虽然人数少，却有巨大的影响和鼓动作用。班级工作"两头都要抓，两手都要硬"，既要注重后进生的转化工作，更要注重优秀学生的楷模作用。要经常注意优秀学生新的进步，对他们的成绩要及时表扬，使优秀学生意识到班主任在时刻关心着他们，这样就会自我督促向更高的目标发展。

2. 树标兵

榜样的力量是无穷的。在班级树标兵，就是给学生立样板，同时要与学先进人物的活动紧密结合起来。这对优秀学生是极大的鼓舞，对其他学生是极好的鞭策。这样能使学生感到前进有方向，进步有尺度。

3. 巩固性

优秀学生是学生中的优秀代表，学习的榜样。他们经常受到老师的表扬和其他学生的称赞，易产生骄傲自满的情绪，个别学生又容易滑坡。在表扬他们的同时，还要提出新的希望和要求，以巩固他们所取得的成绩，激励他们向新的高度迈进。

4. 严格要求

在人才培育方面，中国有一句俗语："严师出高徒。"对优秀学生的培育更是如此。在表扬优秀学生的同时，还要经常帮助他们查找自己的不足之处，并提出今后的希望和要求；又要经常与家长沟通情况，对学生要求一致；还要多与科任老师取得联系，发挥多元化的教育优势，取得最佳效果。

（二）对优秀学生表扬的途径和方法

1. 班会的表扬

要利用班会，对优秀学生在全班学生面前进行表扬。对优秀学生在前一段时间内各项活动中所取得的成绩给予认真恰当的表扬，使全班学生都受到鼓舞。对优秀学生的表扬要做到影响面广，受教育程度深。

2. 奖励表彰

奖励表彰是以物质或精神奖励为主的表扬。学期或学年末，学校或者班级对优秀学生要进行表彰。物质表彰不宜太贵，一是班费资金有限，二是太贵会引起学生的其他想法，以生活日用品、学习用品为主；精神奖励以奖状、证书、纪念章或纪念照等为主。

3. 家长会表扬

在家长会上对优秀学生要点名表扬，把他们在学校的成绩如实认真地介绍给家长，使家长进一步了解子女在学校的表现，共同采取一致的鼓励措施，以更好地发挥家庭教育的作用。也可以采取家访、书信等形式把学生在学校的优秀成绩介绍给家长，达到共同表扬的目的。

（三）对优秀学生表扬应注意的问题

1. 注意偏爱、溺爱

优秀学生是班级的尖子、骨干，各项活动常取得名次，得到老师的信任和同学们的夸奖。对他们的表扬要从关心、爱护出发，不能偏爱、溺爱，要使学生以成绩为动力，今后争取更大的成绩，防止出现骄傲自满、走下坡路的倾向。

2. 注意提示不足

优秀学生优点固然很多，但也存在着很多不足。要善于发现他们的弱点，多利用交谈的机会，以提希望的方式指出他们的不足，使他们虚心接受，不断进步。

3. 注意全面发展

对优秀学生的培养教育，要高标准、严要求，全面发展，学生的德、智、体、美、劳诸方面都要培养、锻炼、提高。

二、班主任对后进生的表扬艺术

对后进生成绩的表扬，应遵循哪些原则、采取哪些途径和注意哪些问题，是班主任工作艺术的重点之一，也是难点之一。

（一）对后进生表扬的原则

1. 以鼓励为主

鼓励是学生进步的动力，尤其是后进生，要热心地关照他们，耐心地做好他们的转化工作。缺点不是后进生所固有的，要善于发现后进生的长处，善于寻找闪光点，鼓励他们进步。他们取得的成绩哪怕是点滴的，都是难能可贵的，要给予及时的表扬、热情的鼓励。

2. 以引导为主

进步并不是优秀学生的专利，后进生也有进步的心理要求，有时甚至也很强烈。在给予他们精神鼓励的同时，要给他们指出进步的方向、改正错误的方法，并做到经常检查和督促，做后进生的知心人、引路人。

3. 以促进转化为主

后进与先进是相对而言的，一切事物都是发展变化的，后进生也不是固定不变的，也可以向好的方面转化。对后进生的转化教育不能急躁，要像医生对待病人一样。特别要培养学生的自尊心和自信心，要做到动之以情，深于父母；晓之以理，细如雨丝。使他们缺点的得以克服，优点和长处得到更好的发挥，逐步向先进行列迈进。

4. 扬长避短，长善救失

尺有所短，寸有所长。对后进生的教育，要善于发现他们的长处，及时表扬、鼓励。在公开场合，尽量避开谈论后进学生的过失或不足，以减轻他们精神上的负担和压力。绝不能采取粗暴、压服的教育方式。

（二）对后进生表扬的途径和方法

1. 班会表扬

对做出成绩的后进学生，可在班会上进行表扬。表扬的材料要真实、可靠，有影响力。必须使后进生感到自己也能进步，也可在全班学生面前表扬。这就增强了他们进步的自信心。

2. 单项表扬

既要善于发现后进生的长处，又要适当举办各种相应的竞赛活动，给后进生创造表现自我的机会，使他们的特长得到充分发挥，给他们某个方面的奖励，增强自尊、激励进步。

3. 谈话表扬

对有进步的后进生，利用课余时间找他们谈话，以谈心的形式，对他们进行鼓励、表扬，使他们在亲切自然的气氛中找到进步的勇气、力量和方向。这种表扬，效果极佳。

（三）对后进生表扬应注意的问题

1. 寻找闪光点

寻找闪光点是班主任表扬后进生、促使其转化的突破口。要善于寻找他们的闪光点，哪怕是美好心灵闪现的一瞬间、一刹那也要抓住不放，一定让同学们都能看到或认识到他们的闪光点。班主任要领导、组织开展相应的有教育意义的活动，调动后进生的积极性，促使他们都参加到集体活动中来，在活动中表现，在活动中培育。

2. 注意避免对后进生公开分类

表扬进步的后进生，注意避免影响其他后进生的自尊心。侧重表扬一部分，带动另一部分，不能把后进生分成进步的，没进步的；差的，最差的。要注意后进生哥们义气，避免小团体意识的形成。

3. 注意表扬的场合

表扬学生是件严肃的事，尤其是对后进生的表扬，不要有随意性，不能引起其他同学的过度注意，否则表扬效果也不佳。班主任表扬后进生，一定要选择恰当的场合，如班队会、总结会、家访、师生谈话等，它能引起学生的高度重视，使后进生受到鼓舞和教育。

总之，表扬的形式多种多样，根据表扬对象的不同，有不同的原则、不同的方法，正所谓"教无定法"，班主任工作也没有什么固定的模式，只要你抱着爱学生、关心学生成长、竭诚为学生服务的信念，用心去理解你的班级、你的每一个学生，发自内心地表扬学生身上的每一个闪光点，你的表扬一定能从学生身上得到正面的反馈，学生一定能感受到你的善意、你的苦心和你对他的期望。让我们用表扬去激发学生的热情，促进他们的成长。

天天见微笑

青岛第五十八中学　安仕凤

　　班主任，是班级工作的领导者、组织者和实施者。作为班主任，每天面对的，是几十双渴求知识的眼睛，每天接触的，是几十颗等待滋润的心灵。没有什么比孩子们的微笑更值得欣喜，而从事班主任工作，不仅需要班主任具有强烈的事业心、责任感，更需要班主任具备一定的组织管理能力和科学的管理方法。多管齐下，才能达到良好的带班效果，才能够达到天天见微笑的美好期望。

一、营造家庭式的和谐氛围，让学生找到归属感

　　归属感对于学生而言非常重要，学生一旦对班级产生强烈的归属感，就会愿意融入班级，愿意为班级事务贡献自己的智慧和力量。营造和谐的氛围，对于班级管理而言至关重要。

　　接手新的班级，首先要熟悉班级学生们的信息，对学生信息了如指掌，缩短自己与学生的距离。其次，为了尽快地使自己对新生产生真诚的师爱，要充分利用各种机会与学生接触、交往。课间、饭后找他们聊天、说笑；在他们遇到困难时，想办法帮助解决；在他们出现思想问题时，找他们谈心，耐心细致地教育。再次，班主任还可积极参与学生的各种集体活动，既做组织者，又做积极的参与者，与学生们一起体验过程、感受快乐。比如，军训期间，陪学生一起军训，共同进退；运动会期间，积极组织班级入场表演，又融入其中，参加入场表演并积极为学生在赛场上的表现助威呐喊；在宿舍文化和卫生活动中，参与到学生当中，积极和他们一

起完成……

提倡为学生过集体生日，这样学生在学校不但可以找到家的温馨，还可以在生日小活动中感受到老师、同学对自己的关爱，增强班级的融洽气氛。

温馨融洽的班级氛围一旦形成，学生既可以在此中感受到班主任的浓浓爱意，也可以在这份浓浓爱意中培养出强烈的班级荣誉感和集体责任感，在家庭式的和谐氛围中找到自己的归属感，并在微笑中努力为班级荣誉奋勇争先。

二、制定人性化的班级制度，让班级充满人情味

班级制度对于班级管理发挥着重要的作用，合理的班级制度无疑会激励学生形成你追我赶的良好势头，有利于学生群体在良好的班级氛围带动下主动、自主学习。

制定班级制度，首先要条理清晰，合理有序。要将班级事务的方方面面、学生生活的各项内容都考虑进去，做到事无巨细，周到精细。在精细化的过程中追求充满人情味与人性化的班级制度。在此基础上，学生才能够对班级规定的细致以及全面产生敬畏。

其次，班级制度要切实为学生考虑，一味利用强制或者高压的手段迫使学生遵守，往往会适得其反。多鼓励学生，少批评学生，多设奖励机制，减少惩治手段，如班级量化考核中多加分、少扣分，小组评比中多加分、少扣分，这样不仅能充分调动学生的积极性，而且学生往往会为了弥补自己的扣分而积极做好自己的本职工作甚至是额外工作。

另外，"知错能改，善莫大焉"，学生犯错误是必然的，我们应该允许学生犯错，学生犯错后不要马上处罚，可采取先提醒、后警告，或罚以娱乐节目等形式，以诙谐幽默的方式既提醒了学生，又在不伤害学生自尊的情况下帮助其改正错误。

三、培养充满自信的学生群体，让学生积极适应高中生活

自信是成功的起点。充满自信的人往往也充满了力量。所以，培养学生们的自信在班级建设与管理中就显得尤为重要。自信的群体，一方面会给我们带来活跃融洽的班级氛围，另一方面也会使学生发生变化，真正达到"天天见微笑"的效果。

大胆是自信的体现，掌声是对自信的赞扬。故而，在班级管理中，我鼓励学生积极回答问题，不管回答正确与否，只要能够站起来回答就代表了一定程度的成功。而对班级其他同学，我要求凡是有学生回答问题，不管正确与否，都要报以掌声，表示对其勇气的肯定与赞赏。在这样的班级氛围中，班级形成了积极回答问题的良好风气，甚至出现了抢答问题的局面。

在自我暗示中培养自信是一种良好的方法。成功心理、积极心态的核心就是自信主动意识，或者称作积极的自我意识。而自信意识的来源就是经常在心理上进行积极的自我暗示。因此，我提倡学生们不断地给自己一个心理暗示，时刻不忘告诉自己"我很好""我很棒""我非常有能力"；肯定我们所需要的，而不是不需要的；引导学生们不要说"我再也不偷懒了"，而是要说"我越来越勤奋、越来越能干"。这样做可以保证我们总是进行积极的正向思考，进而培养我们的自信心，提高我们的各项能力。

班主任工作是一项细致的工作，凡事都需要用心去感受，设身处地地为班级学生考虑，时刻谨记自己"天天见微笑"的初衷，在良好的氛围与班级制度中引发、启迪孩子们健康成长。没有什么比孩子的笑脸更珍贵，作为班主任，我们要努力用爱心浇灌孩子们的心灵。

为每一个学生的幸福人生奠基

青岛第五十八中学　江慧妮

一、差点教育的原理与精神

差点理论是芬兰的教育工作者普遍认可并在实践中加以落实的教育理念。这一理论认为，"条条大路通罗马"，每个学生都能够实现人生的理想。但因为禀赋、个性等的差异，他们会选择不同的路径、不同的速度达到这个目标。而教育的目的是要认可这种发展阶段上存在的差异，为每一个孩子量身定做适合他们的教学模式。

芬兰的教育工作者认为，教育的根本目的，不是要让孩子受到挫折后知难而退，而是协助并鼓励他们找出一种最适合自己的方法，让他们知道自己可以通过一点一滴的积累走向成功。学习必须靠时间。

二、唯有和自己竞争，才是最健康、最有意义、最为正确的学习方式

高尔夫球比赛中的"差点制度"，其特点就是在赛制中运用"差点"，促使初学者和技术仍需增进者在比赛中通过努力获得及时的鼓励。"差点"的起伏，取决于球员的自我努力。也就是说，"差点"体现的是个人成绩的纵向比较，它的作用是让能力和水平不同的球员都有信心努力追求自己能够达到的最低杆数。通过和自己的过去比较，体验取得进步后的乐趣与成就感，获得继续学习的动力，形成最健康、最有意义、最为正确的自主学习方式。

陈之华的著作《成就每一个孩子》这本书的第29页，重点解读了芬兰教育中差点理论的精神和指导思想。在这里，和大家分享一下我的一些想法。

（一）"尊重差异、研究差点、缩小差距、共享差别"，关注学生个体纵向发展，促进学生自我激励、自我反思，最终使学生个体自主发展

作为高一的班主任兼两个班的任课老师，我发现每一个班级都有几个学生的成绩不如意。这些学生努力、勤奋，但在一次次成绩不如意的压力下，多少开始出现对学习的懈怠。当假期读到这本书中的差点理论时，我发现可以将这种理论付诸实践。

××，我班一男生（艺术生），中考成绩很低，在大大小小的考试中，成绩往往处于班级的后面。学期开始，他的身上开始出现毛躁、厌学的种种表现，若不管不问，只着眼班级的整体发展而忽略这个孩子，则他的负面情绪势必会慢慢波及周边同学，给班级发展和老师工作带来被动。所以开学初期，结合差点理论，我在班级做了以下的工作。

（1）报到当天，召开"新学期、新规划——谈压力与动力转化"班会，邀请了本班一位家长，北师大心理学专业的硕士毕业生，从专业方面给同学们解答疑惑，并制作了能量卡片和彩色卡片书签，让同学们在感到懈怠或是情绪不佳时拿出看看，从中汲取正能量。专家的话让孩子们减轻了压力，重新充满斗志。

（2）我还邀请了去年我班毕业的四位同学，分别从"如何调整每次考试情绪，正确面对考试成绩""如何面对压力，调整状态""支教给我的收获""班干部如何处理班级工作和学习之间的关系"等方面与同学们进行了交流，学哥学姐的敞开心扉，让孩子们斗志昂扬，每张小脸上都洋溢着自信的光芒。

（二）用心对待"个别生"，学生总是有差异的，特别是一些学业水平相对落后的学生，如何帮助他们成功，需要教师特别"用心"，找到突破口，有针对性地因材施教

开学的第一周，对于上文提到的××同学，每一份作业我都认真地看、批，课堂上眼光也更多地停留在他的身上，提问环节中在难度不大

的情况下，多多提问，增强他的自信心和成就感。发现了他品质上的优点和学习上的问题后，在周末的教室外面，我会再和他交流一下本周的学习情况，或是和他聊聊学习之外的一些，如他的刻苦勤奋，他的好问知学，他的同位和班级的其他同学，让他知道人的差异是存在的，同样在知识的接受能力上也是有差别的，现在我们能做的就是找到最适合自己的发展与学习模式，并持续向前走，以马拉松的跑法渐渐调整步伐，向自己的目标前进。

做了这些工作后，××同学学习的热情又上来了，其实他一直是很勤奋的，只不过因为这几次的打击，让自己感到目标的渺茫，方向感变差而已。思想上的包袱放下了，一切都会朝着好的方向发展。

其实，经过高一一学期的磨合，在每个班级里都有几个或更多的孩子会出现方向感的模糊以及对自己各项能力的怀疑问题。而作为老师的我们，正如书中所讲："教育，也该如此宽容、有弹性。除了让孩子知道，学习的方法、速度与模式千百种，不同个性、领悟力和兴趣的孩子，在不同的领域和科目里学习，本来就会出现有人对某些科目的学习领悟快，有些则学得慢。"毕竟，教育的真谛，就是引导着学生都能适才适性地跑在人生漫漫长路上，而教师，就是让每个学生在"真平等、给机会"的教育理念上，乐学、知学，从而静等花开！

三、差点理论其余的理论思想

（1）什么样的班级、什么样的孩子都没有关系，关键是要知道"我是谁"。

（2）课堂上不是没有精彩，缺少的是等待。

（3）教师早一天发现学生的差点，学生就早一天进步；教师早一天发现自己的差点，教师就早一天成长。

（4）要把课堂变成天堂，不要把孩子当成道具，要把孩子当朋友。

（5）把差点变为亮点，用亮点点亮人生。

其实，所谓的差点教育，实际上就是不让孩子们横向比较，要让孩子们自己和自己比，尊重孩子们的个体差异，研究差点，缩小孩子们的差距。只有当学生真切地感受到自己的个性差异被尊重、教师对这种差异进行鼓励和支持时，才能激发出自己的内驱力，更加积极地学习与生活，提高自身素养。

《论语》中的班级管理秘籍

青岛第五十八中学　王晨程

据说，宋朝开国丞相赵普每遇政事不能决，便于归家后查阅家中一柜中之书，次日则问题迎刃而解。久之，家人好奇，偷偷打开一看，原来里面只有半部《论语》。如此，便有了"半部《论语》治天下"一说。班主任老师们所承担的班级管理工作，虽不及国家大事那般关系到百姓，但也牵动着一群未来栋梁的成长与发展。那么，为了能更好地完成班级管理这件大家普遍认为并不容易做好的事，我们是不是也能从《论语》中得到一些启示呢？下面是我近些年从《论语》中悟出的有关班级管理的一些行之有效的方法。

一、班级管理应以立德树人习惯养成为先导

在初为班主任的时候，我总觉得自己更像一名"救火队员"。班级哪里出了问题，我就奔向哪里解决问题，不一会儿，又会有新的问题接着发生，我又进入新一轮的"救火工作"中。为了改变这种随时待命、时刻恐慌的工作状态，我在仔细分析了学生出现各种问题的原因后发现，学生所犯的错误都与其极度以自我为中心、不遵守规则、不体谅他人有关。这时候，《论语》中的两句话给了我解决问题的启示。

所谓"性相近，习相远"就是指人在刚出生时，本性上是相似的，之所以出现了日后善恶好坏的差别是因为习惯让人与人变得不同。因此，为了杜绝学生上课迟到、自习课上随意说话等不遵守纪律的情况，我会先向学生讲清楚学校的要求，然后向他们解释遵守纪律的意义并与同学们一起制定对违反纪律的同学的惩罚措施，之后由学生互相监督执行。慢慢地，

学生良好的纪律意识就得以树立，学生的习惯好了，班级的发展就越来越好，我也就不再焦头烂额了。

《论语》中还有这样一句话："弟子入则孝，出则弟，谨而信，泛爱众，而亲仁，行有余力，则以学文。"强调的就是，弟子在家得讲孝道，出门则顺从师长，言行谨慎诚信，对人当广泛地友爱，而亲近仁者。如此修行有余力，再向书本文字上用心。从此可以看出，在古代，社会对求学者的道德境界是有很高要求的。弟子须在做到孝悌谨信之后有余力，夫子才鼓励其在书本文字上下功夫。如此一比，现代人对学生的衡量多集中在分数上，对学生成绩的片面追逐让很多老师与家长迷失了教育的方向，一度用学生的成绩来衡量学生的一切，这样就促使学生只关注成绩，不关注修身，从而让许多不良习惯得以滋生，才有了班级中各种各样的问题。

后来我专门以《论语》的这一段话为主题召开了班会，并在日常的教育过程中不断渗透修身的观点，帮助学生养成爱集体、爱他人、懂礼仪、守规范的习惯，力争让学生做到心善、志远、习优、体健。我细心地观察班级里每一个同学的行为，如果有人主动捡起垃圾桶边的垃圾，我会在晨会上表扬他。有人默默为班级里的花草浇水，我也会在晨会上表扬。后来，学生们也学会了发现同学身上的优点。他们把自己观察到的好人好事、同学身上的好习惯都记录在《班级日志》上。每天早晨，当班长读《班级日志》时，班级中的每一个人都面带笑容，聆听着他们生活中的美好瞬间，这些对他们来说其实也是一次次绝佳的修身教育课。慢慢地，我去班级里"救火"的情况越来越少，整个班级充满了正能量。

二、通过把握管理时机实现管理高效

班主任工作有一个突出的特点就是繁复，即工作不仅繁杂、琐碎，还通常是不断重复的。为了提高班主任工作的效率，实现班级管理的高效化，我们一定不能忘了先师的教诲——"不愤不启，不悱不发"。这提示我们，教育的时机把握好了，可以事半功倍。

在高三上学期期末考试之后，我收到了一张纸条。纸条里，一位同学先描述了自己从小到大的学习状况，接着用中英双语写了很多求助的话。结尾是："我需要你的帮助，我需要压力，我需要一个美好的未来。总之，求谈话！"这时，我清楚地意识到，这是一个天赐的教育时机。我没有急于找这位同学谈话，而是像上课前要备课一样，仔细准备了与之谈话的内容，为的就是尽最大可能激发出他的内驱力。我从分析他的现状与未来入手，逐渐转换到与他探讨学习的规划与监控，最后两人达成了约定。后期，我不断跟进他学习计划的执行，及时给予指导。因为起初是我们共同制订的学习计划，充分考虑了他的实际情况，所以在日后，他对我的监督的认可度很高，避免了平日里老师指导学生时，学生的抵触心理。就是在我们的共同努力下，这位同学的成绩从11月期中考试的班级40多名，变成了全市第一次高三检测考试的班级第一名。他如此大的进步更让我确信要用心发现教育的时机，同时在教育时机到来时，要把握住时机才会让班主任工作更高效。

三、自我反思实现自主管理

班主任工作的终极目标是能够实现学生的自我管理，让班主任老师从不断的批评教育中解脱出来，成为学生成长与发展的引路人。为了实现这个目标，我带领学生践行着曾子所说的"吾日三省乎吾身"，教导他们"见贤思齐焉，见不贤而内自省也"。每天自习课的开端，我都会引导学生先不急于去完成作业，而是想一想当天自己的学习与日常行为，若有做得不好的地方，要及时改正，若有做得好的地方则给自己一些表扬，一些积极的暗示。

如果遇到了学生违反纪律等情况，我也一改原先不停地说教，企图通过说服教育让学生不再犯错误的教育方式。我会让学生先到我的办公室安静一下，让其回顾一下自己的行为，然后进行自我分析。在倾听完他们的分析之后，我才开始对他们进行教育。此时，我会以他们的自我分析作为教育起点，引导他们一步一步认识到自己所犯错误的严重性，并鼓励他们及时改正。这样，其实是学生先完成了一遍自我教育，后来老师的教育是对其自我教育的一种强化或是深化。如此一来，学生一方面更容易接受老师的教育，另一方面也提高了老师教育的效能。久而久之，当学生养成了自省的习惯时，学生就基本实现了自我管理。老师就不再需要一遍遍地说教，而是在可能出现问题的节点上引导学生去思考反省就可以了。

班级管理工作复杂多变，但《论语》给了我不少解决问题的启示。在日后的工作中我也将不断摸索，从古代先贤留下的智慧宝库中寻找更多的解决问题的方法，为培养明日社会栋梁不断努力。

让爱从记住名字开始

青岛第五十八中学　刘孝雪

　　每次接新生，尽快记住他们的名字便成了我的重要工作，我深知这一细节所蕴含的教育智慧。记住学生，是我们不可推卸的责任，也是我们与学生能够快速沟通的桥梁。对我来说，我总想和时间赛跑，以最快的速度、用最短的时间记住学生的名字。因为，只有用心记住每一个学生的名字，才能架起师生愉快沟通的桥梁。

　　在第一节课上，我正式而真诚地对学生说："同学们，老师要在最短的时间内记住每一个同学的名字，认识你，了解你。同学们要想办法让我记住你。这对我来说很重要，请同学们多多帮忙！"没有人会拒绝被关注、被重视的感觉。我一说完，有个学生就提议说："给每个人起一个外号。"同学们乐翻了天。从名字开始，我开启了与学生的沟通之门。

　　我喜欢面对面地交流，这也是我记住他人的最有效途径。我利用课间、晚自习和周末学生自习的时间，邀请有时间的同学到办公室聊天。我一般同时找5到10名同学，因为人多的时候，同学们会感到自由和放松。我请他们分别写下自己的名字，并作解释。"老师，我叫于子敬，您可以叫我鱼子酱。""我叫袁州（率），您可以叫我派。""我是李海涛，快乐大本营的海涛。"我请他们谈谈自己的特点、爱好、特长、梦想和理想大学等。通过这样的交流，我不仅熟悉了一个面孔，知道了一个名字，还对这个名字的主人有所了解，我和学生的心理距离拉近了。作为谈话的结束部分，我会重复点名，进行强化记忆。然后我点名，他们一个一个离开。

　　我和每个人都进行了一次面对面交流。但说实话，想要短期内全部记住，并把名字和面孔对号入座还是有难度。走在校园里，遇见学生，我就试着叫他们的名字。要是记不住，我就直接问他们，学生们很善解人意，没有人因为我的记性差而生气。有的学生见到我，就会主动报上姓名，帮我进行强化；有的学生会用幽默风趣的方式，向我介绍他人的名字，这很有帮助。学生和我都很享受这个过程，陌生与不安逐渐消失。

　　接下来，我会站在教室里，看着学生，在心里点名，把学生和名字对号入座。同时，把不熟悉的、没记住的，对照座次表进行巩固。因为对学生有所了解，记住名字就相对容易些了。

　　我利用作业批改的机会熟悉学生，加强交流，加深对学生的了解。如果看到名字，我的脑海中不能浮现出他的样子，我会让这个学生亲自来一趟，面对面批改。我喜欢面对面地表扬作业认真的同学，我也愿意面对面地指出同学们在作业中出现的问题。无论是表扬还是纠错，在他出现的那一刻，我会先喊出他的名字："×××，你的预习部分很充分，不错！""×××，重新做这道题。"我仔细记录下同学们作业中出现的错误，上课时，我会对某位同学说："×××，现在明白了？"在短暂的时间里，学生心中涌起的不只是感动，更会体会到老师的关心和爱护，这对刚刚接触一个陌生的新环境、心里难免有些忐忑不安的新生来说，无疑是吃下了一颗定心丸。

　　记得开学第二天，在走廊里我对一位同学说："×××，让课代表到我办公室来。""老师，你记住我的名字了！"他的眼里充满了惊讶与喜悦，我感觉到了他的幸福，感觉到了他对我的亲近和佩服。因为记住了学生的名字而且不假思索自然地叫出来，这就等于给予了学生美妙而有效的赞美。

　　就这样不断重复，到第三天上课时，我和学生就像老朋友了，我们自由地交流，没有陌生与不适。当然，记住学生的名字不仅仅是方便上课时的点名提问，更重要的目的是熟记并且随时叫出学生的名字，同时投以鼓励、赞许的目光，会使学生惊喜，随即兴奋、自信，觉得老师了解、理解、重视、关心自己，师生间的距离缩短了，学生在感到获得尊重的同时，对教师也会产生信任感和亲切感，有助于建立良好的师生关系。也只有这样，才谈得上了解学生，尊重个性，因材施教。

认识学生的这三天的时间，意味着疲倦和大把课外时间的付出，但重要的是我从中找到了与学生快速亲近的方式和乐趣。曾在书上看过这样一句话：记住名字是一种爱，记住是一种责任，这是一种爱的播种，是一种心与心的交融，是一种爱的呼唤。如果爱学生，就从记住学生的名字开始吧！

信任的力量

青岛第五十八中学　陈鹏先

我的一个学生曾经在班级日志里说，班主任是这个世界上最小的主任，但却是最忙的主任。我想接着补充一句：如果方法不对路，即使你忙死，也不会有回报！

现在的高中生都是"90后"了，他们的思想跟"60后""70后"甚至是"80后"的老师们可谓大相径庭，所以，一味本着"师者，所以传道授业解惑也"的思想去说教可能并不能达到我们预期的效果。我们应该试着去走近他们、倾听他们的心声，用信任的力量去征服他们。

记得那是不久前的一个小假期，开学回来后我的第一件事情就是检查学生们假期里的学习情况。可让我很失望的是，同学们在这一个假期里都玩疯了，很多同学都没写完作业，特别让我气愤的是这里面还包括了一些学习成绩很优秀的同学。当时我的第一反应就是把他们狠批一顿，然后再惩罚他们一次，让他们长长记性。正欲发作，我往下环视一圈，这才发现大家都低头不语，教室安静得针落有声。我转念一想，对待学生要有信心、耐心……然后我就强压怒气，去办公室里坐了一会。坐着的过程中我就在想，其实应该信任他们，他们这个年龄阶段贪玩很正常，不能一犯错误就发火，时间长了这个班级就感觉不到爱了。于是，我决定冷处理这件事，看看他们接下来会怎么表现。可接下来的事情让我大吃一惊，过了两天，晚自习的时候，他们排着队来到我的办公室，大家低头不语，好不容易，其中一个学习比较好的学生开口了："老班，你怎么不找我们啊？都两天了，我们的心里很不踏实，你看，这是我们补完的作业。还有，你想怎么惩罚我们就说吧，我们有心理准备。"看着孩子们保质保量完成的作业，听着他们质朴的语言，我心里一阵暖意，原来信任的回报如此丰厚。

不知大家有没有听过这样一个故事：有一个劳改犯在外出修路的过程中，在路上捡到了1000元钱，他不假思索地把它交给了监管警察。可是，监管警察却轻蔑地对他说："你别来这一套，把自己的钱变着花样贿赂我，想换得减刑，你们这号人就是不老实。"囚犯万念俱灰，心想这世界上再也不会有人相信他了，晚上，他就越狱了。在亡命的途中，他大肆抢劫钱财，准备外逃。在抢得足够的钱财后，他乘上开往边境的火车。火车上很挤，他只好站在厕所旁。这时，有一位十分漂亮的姑娘走进厕所，关门时发现门扣坏了。她走出来，轻声对他说："先生，你能为我把门吗？"他一愣，看着姑娘纯洁无邪的眼神，他点点头。姑娘红着脸进了厕所，而他像一个忠诚的卫士一样，严严地守着门。就在这一刹那间，他突然改变了主意。在下一站，他下车了，到车站派出所投案自首。

其实，信任对任何一个人来说都是一种弥足珍贵的东西，没有人能够用金钱买得到，也没有人可用利诱和武力取得。它来自于人的灵魂深处，是活在灵魂里的清泉，它可以拯救灵魂，滋养灵魂，让灵魂充满纯洁和自信。在信任面前，囚犯都可以回心转意，就更不必说教师面前的这些天之骄子了。人都有犯迷糊的时候，更何况是稚嫩的学生，只要我们有耐心并给他们信任，那么知错能改是迟早的事。

还有一件事情我至今记忆犹新。我班里有一名学习很好的学生，多才多艺，可一学期结束后，他的成绩开始走下坡路，由班级前十名一下子滑到了班级30名开外。这么大的波动让我很费解，于是我打电话向家长了解情况，这才知道问题确实很严重了。原来，这个家伙在家里面已经跟家长吵得不可开交了。究其原因，是"爱美之心"过头了。作为一个小男孩，理应朴朴素素的，可是经调查发现，他的背包里除了减肥药，就是各种美白类的化妆品，而且让人惊讶的是他的长发不知何时也已经染成了红棕色。此外，在他妈妈眼里，现在的他已经没有一句实话了，他的妈妈很难过，不知孩子什么时候变成了这样。

对于这种染发的学生我倒不是很奇怪，因为之前也遇到过类似学生，但是化起妆来这么夸张的男生还是头一次见。听他妈妈说起他一次次撒谎的经历更是让我忍无可忍。我非常气愤地告诫他，立即回家把头发剪了，把那些乌七八糟的化妆品统统收拾走。让我意想不到的是，这个时候他也急了，并且振振有词地说："老师，我就不剪，每个人有自己不同的审美观念，再说，爱美之心人皆有之，有什么不可以？我又不是在干坏事！"我稍微地控制了一下情绪，跟他讲道理："你现在还未成年，这种打扮很不适合你的高中生身份，等你以后考入大学，你想怎么打扮都可以。还有，你为什么要经常对妈妈和老师说谎？"他无语地走了。回家以后，他妈妈给我打电话，说是在家又大骂了他一顿，结果他竟然离家出走了，也不知去哪了，打电话又关机，家里的人急坏了。过了差不多有一天吧，我再打，通了，我把他叫来办公室。在他还没来之前我就琢磨，学生正迷茫地走在十字路口，现在不能一味地批评他，面对他脆弱的心灵，为什么不试着去倾听一次呢？为什么不试着再去信任他一次呢？他原来是那么优秀的学生，走到现在想必也是有一定的难言之隐。半个小时以后，他来了，我没有去质问他，而是先安慰了一番，然后听他说："老师，我不是非要跟老师、家长作对，可能有一种人天生就是为了面子和容颜活着，而我，就属于这种人，希望老师能谅解我，因为我过几天还要过生日，我要是现在理了发，大家会笑话我的，我那些朋友有很多学艺术的，他们个性很张扬的。"

我沉默了片刻后说："我相信你说的，我可以理解你，但是，希望你也能理解老师和父母的良苦用心，咱们都退让一步，咱们不是敌人，没有必要去针锋相对，这样，你过这次生日前就不用理发了，但是等过完了你得答应老师，把头发理回来，我喜欢你原来的样子，然后把你落下的功课都补回来，好吗？"听了我的话，他热泪盈眶，使劲地点了点头。

从那以后，他逐渐丢下了自己的化妆品，成绩也有所起色，我经常能够看到他在教室里安静地低头学习的身影，因为在他走之前，我还补充了一句："追求个性没有错，但是不一定要通过染发、化妆来表达，老师相信你本身所具有的与众不同的素质与实力，做一个上进的好孩子，去吧！"

通过这些小事，我越发地认识到"信任教育"的重要性，并且我们不能给孩子们造成一种阴影，就是不敢与老师沟通，毕竟"亲其道，才能信其师"啊。

我认为，信任是人与人之间沟通交流的前提，如果人与人之间没有了信任，试问，哪有朋友之间的友谊，哪有师生之间的感情？其实只要我们对别人增加一点点信任，那么许多问题都将迎刃而解。所以，让我们从现在开始，对身边的每一个学生增加一点信任，这样他们才能深刻体会到"学校不仅是我们学习的地方，更是我们生活的地方"这句话的深意。

春天，不只有花香——给中等生多一些关注

青岛大学附属中学　白晶晶

中等生是在班级中表现平常、成绩一般的学生。这类学生既没有优等生的聪明卓越，也没有后进生的不善学习，处于"比上不足、比下有余"的中间地位，所以并不容易引人注目，在班级的管理中往往容易被忽视。他们习惯得不到老师的表扬，也得不到老师的批评，没有同学们的羡慕，也没有同学们的歧视，总感觉自己处于可有可无的地位，是一个默默无闻、不受关注的群体。

每个班集体，学生的素质结构是呈橄榄型的，然而"抓两头，促中间"是学校对学生进行思想教育工作常用的模式，也是班主任教育管理的基本方法之一。这种舍大取小的做法显然不可取。我们知道，中等生经过努力可能成为优等生，但是如果重视不够、方法不当、措施不力，在后进生进步的同时，中等生因得不到积极的引导和教诲，相应的强化教育，也会分化出新的后进生，致使恶性循环。为此，班主任重视中等生的教育十分重要。

一、中等生存在的问题及成因

（一）自信心不足

无论做什么事，"我不行"这句话是许多中等生经常挂在嘴边的，它体现了中等生强烈的自卑心理。作为班主任可能往往注意到学困生的自卑心理，却对中等生存在的自卑心理认识不足，关注不够，这使得中等生更加感觉到老师的冷落，感到自己在班级中无足轻重。许多人的失败，不是因为缺乏成功的条件，而是因为不敢相信自己能成功。这种自卑心理

始终抑制着中等生的发展，使他们做事缺乏自信，无法信心百倍地去克服困难。

（二）自尊心过剩

相对于学困生，中等生有较高的自我期望，更多的劳动付出，更大的学业和精神压力。相对于优等生，他们在学习和生活中更容易产生失败感、无力感，经常陷入自轻自贱的抑郁情绪当中。他们有较强的自尊心和成功的愿望，但常常因考试的失败而感到痛苦和恐惧。他们内心孤独却不愿意向老师和同学倾诉；在学习上经常注意力不集中，情绪低落，反应迟钝；这种心理非常不利于学业的进步和人际关系的处理。

（三）嫉妒心过强

嫉妒心理是隐藏在中等生内心的一大问题。老师眼中的优等生光芒照人，集物质与精神奖励于一身，而中等生的成就往往被老师忽略，于是他们埋头学习，暗地里与人攀比，但屡次失败，渐渐地形成嫉妒心理。

（四）自控力较差

自控是指学生为了保证学习的成功、工作的完成，提高学习的效果，达到学习与工作的目标，主动调控元认知、动机和行为的过程。中等生的自控能力较差，在很多时候不能够自觉主动地做事情，需要被人督促，需要背后举着鞭子；人生目标不明确，缺乏奋斗的目标，人云亦云，随波逐流，很容易受到外界因素的干扰而产生动摇。

总结班主任工作经验，我认为中等生可分为三类：一是能力有限者。这类学生思想进步，但能力有限，想上进却上不去；二是甘居中游者。这类学生既不想"冒尖儿"受表扬，又不想落后挨批评，拥有与世无争的心态；三是情绪不稳定者。这类学生今天情绪好了，就一个劲儿地学；明天情绪不好，就不愿学了，属"三天打鱼，两天晒网"型。

苏霍姆林斯基说，"唤起人实行自我教育乃是一种真正的教育"。对中等生来说，他们既缺少对个人潜在的能力的自信，也缺少他人对这种潜在能力的认可。所以在班级的管理及对学生的教育过程中，班主任应将着眼点放在中等生身上，让这些中间力量带动两端更好发展。

二、班主任如何做好中等生的教育工作

针对中等生的三类情况，班主任可以因材施教，根据他们不同的情况采用不同的教育方法。

（一）爱要大声说出口——激励

对能力有限者，我们可以教育并激励他们认真学习，勇于实践，在日常实践中多注意方法的积累和应用，并为他们多提供锻炼机会，不断提高其各种能力。教育家第斯多惠说："教育的艺术不在于传授本领，而在于激励、唤醒、鼓励。"据统计，一个人如果没有受到激励，其能力发挥仅有20%~30%；反之，其能力发挥可达80%或者更高。班主任运用激励机制，一个激励的眼神、一句真诚的话语、一个自然的微笑、一个关切的动作……看似不经意，却能照亮中等生的心灵，增强他们的自信心，强化其正确行为，以自身的积极因素去克服消极因素。

【案例1】

学生A是一个内向可爱的女孩子，学习用功，每次作业都非常认真，但是一直没有取得理想的好成绩，为此自己非常苦恼，也没有自信，上课回答问题或者下课跟同学聊天声音小到听不见。后来我跟家长联系，她妈妈告诉我，这个孩子在家学习时间非常长，但是效率较低，导致自己薄弱的学科一直没有多余的时间补。妈妈在家只能跟着干着急，这个孩子的成绩属于中等一直上不去。针对这个现状，我采取的措施是与家长一起鼓励孩子。只要她在学校活动或者某一次考试中有进步，老师与家长都及时鼓励。同时，我还给她安排了一个学习很好的同桌，并悄悄跟同桌说平时主动给她讲题，听明白了也要给予的鼓励。一学期下来，小A的成绩突飞猛进，期末成绩进步将近15个名次（一共55名同学）。所以，教师一定不能吝

啬自己的语言，看到学生的进步都要大声说出来，在全班甚至更大的场合，用赏识的心态帮助学生了解自我、发现自我，激发他们更大的潜质。

（二）每天爱你多一些——关注

对甘居中游者，我们重点要进行思想教育并随时关注，培养他们强烈的进取心和责任感，有意给他们加担子，施压力，刺激他们力争上游。罗森塔尔效应告诉我们，"教师期望与学生智力的发展是紧密联系的，中轨学生最能得益于教师的期望，而快轨学生得益最少"。班主任应经常到中等生的中间，做有心人，使中等生时时感受到老师在关注他们，没把他们遗忘。

【案例2】

学生B是个活泼开朗的男孩子，智商很高但是努力不够。回家后磨蹭很长时间才开始写作业。平时学习丢三落四，没有很高的追求与目标。一次考试后，我找到他并给他分析了他的情况，告诉他从现在开始应先定一个个人目标，老师会定时关注你实现目标过程中的努力情况，后来他父母给我打电话，说从谈完话后他像变了个人，积极了很多。班主任老师应给中等生更多的关注与期望，他们会给大家更多惊喜。

（三）爱你有商量——沟通

对情绪不稳定者，我们应及时提醒，时时监督，培养其持之以恒的学习态度。另外，要帮助他们抵制外界不良因素影响，培养他们的自制能力。家庭是学生重要的教育环境，但又容易对孩子的错误和缺点过分责备，不能很好地激发孩子的潜能，直接导致的结果是易使孩子产生叛逆情绪，这对教育学生是极其不利的。因此，班主任要将学生在校的表现及时反馈给学生家长，争取家长的配合，尽可能地多鼓励、少告状，肯定孩子成绩的同时，指出需要努力的方向，维护孩子在父母心中的形象与尊严。

【案例3】

学生C是个比较敏感的女孩子，特别在意其他同学对她的评论，刚进初中时，在这个相对陌生的环境中没有朋友，自己也觉得很孤独无助。因此，在家里乱发脾气，只要是心情不好了就不愿意学习，不愿意上学。有一次，我见她心情比较好，就叫她到办公室单独聊聊。这个孩子本性还是很好的，只不过上初中后适应环境较慢，在班级中没有朋友觉得特别伤心。回家后家长一直唠叨，自己的自控力也较低。所以，她在这些低气压的包围下学不进去，总想反抗。我给了她几点交朋友的建议，并联系家长说明情况。每次见到她总会间接提醒她要开心，要控制自己的情绪。我们也商定每两周谈一次心，现在这个孩子基本上能控制自己的情绪，虽然成绩没有显著进步，但一直在稳步向前，作为班主任，我很欣慰。

教师在教学内容和方法的选择上，如果偏向优等生，则中等生不能适应，学困生更觉得茫然；如果偏向学困生，则中等生感到"吃不饱"，优等生更觉得乏味。因此，我们在教育、教学过程中，应向中等生这一"主体"倾斜，使大多数学生都能达到既定的目标。而且，中等生的人数、影响力在实践中也决定了他们才是学风、班风形成的主体力量。中等生积极向上，会促使优等生加倍努力，以稳固自己的领先地位，同时学困生也会感到压力，从而有利于班级整体状况的改善。班主任针对中等生对症下药，采取科学的教育方法：勤织纬线——交流沟通温暖心灵；巧编纬线——挖掘亮点，振翅齐飞；广设平台——个性发展百花齐放；关注课堂——打破沉默阳光普照；铺路搭桥——协调各科并驾齐驱。春天，不只有花香，把爱的阳光洒向中等生，绿叶也会千姿百态，在阳光的普照下、呵护下茁壮成长，跃上一个崭新的台阶。

参考文献：

1.管向群.中国班主任最需要的新理念［M］.南京：南京大学出版社，2010.

2.向昌兰.关注中等生［J］.素质教育论坛（上半月刊），2008（1）.

批评教育中的积极心理学

青岛即墨区区北中学　董成章

美国心理学家贝克曾说，孩子像一张白纸，你给他贴上什么样的标签，他就会按照标签去塑造自己。好的标签可以帮助孩子形成良好的自我意识，作为班主任来说，适时地给学生贴上各种好的标签，让他们在心理上首先肯定自己，潜意识里认为自己就是这样的人，那么自然会有意无意地向这方面发展。这也就是积极心理学所倡导的，要用积极的眼光来看待别人，要注意积极品质和积极力量的培养。

老一辈教育家陶行知先生用"四块糖果"成功教育学生的范例，就是积极心理学的典型应用。陶行知先生当年任育才学校校长时，有一次，他看到学生王友用泥块砸人，遂将其制止，并让他放学后到校长室等候。王友带着准备挨训的心情准时来了，但出乎他意料的是，一见面陶先生却掏出一块糖说："这是奖励你的，因为你准时来了！"王友将信将疑地接过糖果。接着，陶先生又掏出一块糖给他："这也是奖励你的，我不让你打同学，你立刻住了手，说明你很尊重我！"王友愈发惊讶。陶先生又掏出第三块糖说："我调查过了，你用泥块砸人，是因为对方欺负女生，说明你有正义感。"这时，王友哭了："校长，我错了，同学再不对，我也不能采取这种方式。"陶先生满意地笑了，他随即掏出第四块糖说："你已认错，再奖你一块，我们的谈话也该结束了。"

结合积极心理学理论及陶行知先生的成功案例，我在日常的学生管理工作中也能比较自如地处理问题，一些心得体会如下。

一、私下批评教育比当众批评更容易让学生接受

我所带的班级因为住宿生比较多，学生偶尔有违反纪律、内务卫生不好的时候，一般情况下我会在班级面上说说，然后私下把违纪学生找来单独交流，再加以稍微鼓励，效果非常好。比如某次某女生宿舍内务出现问题，我把检查结果给她看看，让她自己分析原因，因为这样更容易让学生坦然接受。没有当众点名批评，留有余地，这也促使学生主动承认错误并努力做得更好。

二、表扬式批评比单纯性批评更容易打动学生

班级有位男生总爱出风头、做好事，喜欢引起大家对他的注意。比如他喜欢上课了拿水桶外出给班级打水，总是上课几分钟后才回教室。几次以后，很多老师、同学提出了这个问题。为此，在一次该男生外出打水后，我在教室和其他同学静等。当他乐呵呵地拎着水桶回来时，我向全班同学说："感谢××同学每天为大家的辛苦付出，我们鼓掌致敬！"一时间，教室掌声一片，王某"刷"的脸红了，站了一会儿赶紧放下水桶回到座位做好了。我也没再多说，过后该同学主动找我认错，以后再也不耽误和影响上课了。其实，学生怕的不是训斥和抱怨，而是赏识和感动，表扬比批评更能打动学生，会让学生在批评后更自信，更有利于错误的改进。

三、教育批评要建立在充分调查了解、尊重学生的基础上

一次平时测验，××同学的英语成绩与平时课堂表现极不相符，特别优异。为此，我没有先找他，而是电话联系家长了解孩子近期在家的学习情况，特别是英语。家长的答复让我很吃惊，原来，近期该生一直在补习英语，加上底子本就不错，自己又开始刻苦努力，成绩自然就好了。我暗想，幸好没有直接问学生的英语成绩为何这么好了，那样多打击学生的上

进心、自尊心。自尊心是学生上进的一种动力，应力求保护学生的这一心理需要。面对学生所犯的错误，我们没有必要不分青红皂白地大声批评，没有暴风骤雨般声色俱厉的训斥，自始至终的和颜悦色以及几句简单的极富人情味的谈话，似和风细雨拂过学生的心田，给予学生最充分的理解和信任。

四、教育批评要注意把握火候，适可而止，"冷处理"有时效果更好

陶行知先生只用简单的四句话教育学生，前后不超过十分钟，非常简洁与精炼，火候把握得十分到位。在他看来，只要学生知道错了，愿意承担责任，就可以了。几句话能解决问题的，就不必多说，点到为止；批评已经奏效的，就不必再次提起，适可而止。有天中午，我早早在教室门口等着，铃声过后，那两个学生不急不慢地来了，看到我后才开始跑步。我刚要开口说，其中一位学生就说："老师，我就来晚了几秒钟！""那你觉得应该吗？这几天怎么都这样？"我问道。"我们就迟到了，也没违反什么大错！"我一听感觉不对，就说："你们能看到我就赶紧跑步，说明还有时间观念的，还知道抓紧时间，你们可能有事耽误了，抓紧进教室上课吧！"这两个学生想说什么，我摆摆手让他们进教室上课了。下课后这两个学生到我办公室来承认错误，我微笑以待，只说："看你们以后的表现了。"此后，这两个学生再也没迟到过。以退为进，缓冲处理，效果很好。

积极品质和积极力量的培养，对于学生管理都有很大的促进作用。学生在潜意识当中都希望自己被老师所认可和重视，而适时地、合理地给学生贴上"好的标签"，对于激发学生的积极性和发挥他们的潜力有着意想不到的效果。特别对于处于心理敏感时期的中学生来说，能够不断被肯定为合格的、出色的、优秀的、进步的学生，对于他们的身心健康发展都是有好处的。

心理效应连环用，班级管理变轻松

青岛第二实验初级中学　刘明红

　　班级管理事务比较烦琐，无论大事小事，班主任都必须积极有效地处理好，不然就会"后患无穷"。作为班主任，如果能巧妙地将教育学中的一些心理效应灵活应用，对班级管理会起到事半功倍的效果。下面，本文就笔者的一些实践经验谈谈看法。

一、"罗森塔尔效应"，营造班级向上氛围

　　作为班主任，接手新班级之初最重要的是尽快让班级凝心聚力，所以，营造积极向上的班级氛围十分重要。美国心理学家罗森塔尔考察某学校时，随意从每个班抽3名学生共18人写在一张表格上，交给校长，特别认真地说："这18名学生经过科学测定全都是高智商人才。"事过半年，罗森又来到该校，发现这18名学生的确长进很大，再后来这18人全都在不同的岗位上干出了非凡的成绩。这就是期望心理中的共鸣现象。

　　2016年接手新初一的9班时，如何让班级同学迅速形成合力、凝心聚力，是我首要考虑的问题。我认真分析了学生们的入学成绩，针对孩子们的特长，在为期5天的军训中，充分利用"罗森塔尔效应"，大造"9班乃神奇之班"的声势。我首先指出孩子们的入学成绩，每一科在级部里都是名列前茅，高分者比比皆是，就连入学第一名的同学都在我们班，从成绩来看这是一个卧虎藏龙的班级，将来必定出类拔萃。从学生们入学填报的特长和取得的荣誉来看，将来我班在学校艺术节、文化节等活动中也必定拔得头筹。从师资配备来看，学校分配最好的老师以及好几个学科的教研组

长教我们班，是因为我们是学校重点打造的班级。就连给我们军训的教官都是部队里最年长的，经验最丰富。种种分析下来，9班无论是学习成绩还是学生的特长，都是一流的。在这样的班级里，每个人都要铆足劲儿学习，班级就是最强的。学生们在我的鼓舞下，表现出良好的学习势头，生机勃勃，集体荣誉感十足。

二、"狄德罗效应"，促进学生全面发展

8世纪法国有个哲学家叫丹尼斯·狄德罗。有一天，朋友送他一件质地精良、做工考究的睡袍，狄德罗非常喜欢。可他穿着华贵的睡袍在书房走来走去时，总觉得家具不是破旧不堪就是风格不对，地毯的针脚也粗得吓人。于是，为了与睡袍配套，旧的东西先后更新，书房终于跟上了睡袍的档次，可他却觉得很不舒服，因为"自己居然被一件睡袍胁迫了"，就把这种感觉写成一篇文章——《与旧睡袍别离之后的烦恼》。

200年后，美国哈佛大学经济学家朱丽叶·施罗尔在《过度消费的美国人》一书中，提出了一个新概念——"狄德罗效应"，或称"配套效应"，专指人们在拥有了一件新的物品后，不断配置与其相适应的物品，以达到心理上平衡的现象。

当班级学生对自身的定位认可后，孩子们表现出的向上力量无可阻挡。最好的班级就应该有最好的表现。军训中学生们刻苦训练，跑操比赛、队列展示、内务评比，这些孩子都以无比认真的态度进行。每个孩子都认定拿奖是正常的，拿不到对班级来说是一种耻辱。歌咏比赛中，孩子们绞尽脑汁想班级演出方案。功夫不负有心人，军训第三天孩子们的精彩表现竟然将准备拍别的班级精彩画面的记者吸引过来，这大大增强了孩子们的自信心。军训结束，我班在各项评比中均有获奖，从此孩子们认定：我们就是最有实力的班级，最有实力的班级在各方面都要崭露头角。

三、"预期效应"，明确努力的方向

"预期效应"指的是给孩子一个良好的预期对激发孩子的学习行为具有相当的重要性。无论干什么事情，都要明确干这件事情的目的是什么，只有目标明确，才会动力十足。

军训回来，无论是班级发展目标还是学生个人成长目标，都非常明确，就是每个人都要立足自身实际情况制定自己的学期目标—学年目标—中考目标。当然，有些目标随着年级的变换也在不断变化，但是有目标的学习会让学生们学得非常起劲儿。

四、"南风效应"，让班级有爱的温度

教育是有温度的，就是说明教育要有爱的参与，单靠制定目标、制定规则执行，未免有点简单粗暴。

法国作家拉·封丹写过一则寓言：北风和南风比威力，看谁能让行人把身上的大衣脱掉。北风首先来了个寒风刺骨，结果行人把大衣裹得紧紧的。南风则徐徐吹动，营造风和日丽，春意浓时行人便纷纷解开纽扣，继而脱掉大衣，于是南风获得了胜利。

这个故事也称为南风法则。"南风效应"给人们的启示是：在处理人与人之间的关系时，要特别注意讲究方法。它说明了一个道理：温暖胜于严寒。

管理班级亦是如此。温暖的教育总是带着温度让学生从心里接受，而不是迫于压力承受。当学生从心里认可自己最好的时候，便有了向上的动力。对每个孩子的发展，要找准每个孩子的生长点而不是"一刀切"，千篇一律。这样，每个孩子都有一个努力一下便可以够得到的目标，这样的定位学生从心底是认同的。优秀生有优秀生的标准，中等生有中等生的目标，学困生也有自身努力的方向。我们的总目标是："我们都是9班一员，班

荣我荣。"当每个同学都有前进方向时，班级必然走向良性发展。教师要做的就是以春风化雨般的温情，让学生们每天朝自己制定的目标迈进。

无论是"罗森塔尔效应"对人心的鼓动作用，还是"狄德罗效应"让学生对自己要求变得更多，抑或是"预期效应"让孩子带着目标去学习，还是"南风效应"带着温度的管理，都说明教育要用心，管理班级要用心。教育要讲究策略，管理班级也要讲究策略。用心的管理，有策略的管理，才是最有温度的管理。

挖掘家庭教育资源，提高德育实效性

力求做行之有效的教育

1+1>2

家校沟通，帮我们走入学生的心灵世界

挖掘家庭教育资源　优化家校合作

家庭教育不容忽视

家庭教育应在班主任指导下进行

家校同心，其利断金

家校合作，共筑教育

挖掘家庭教育资源，提高德育实效性

力求做行之有效的教育

青岛第五十八中学　陈鹏先

　　韩愈在《师说》中告诉我们，师者，是传道、授业、解惑之人。随着时代的进步，这些最基本的教师职能实际上已经不足以满足现代学生的需求了，新时代里我们追求的是更高效和更有效的教育。这就要求教师不断学习提高，做创新型教师、研究型教师、引导型教师。反思以往，有很多低效或无效的教育方式令人深思。

一、老师的说教太绝对化

　　老师，特别是班主任，随着与学生的接触和了解，会将自己的风格不知不觉地传染给整个班级，于是经常听到大家说"有什么样的老师，就有什么样的学生"或者"严师出高徒"等。但实际上，在这个日新月异的年代，老师说多了就等于没说，"严师"也未必能出"高徒"，因为学生根本不听你的。老师们在日常工作中，有时不经意间就会说出"你必须给我……""你一定得……"，或者抓住一个点就能说出一大片空洞的大道理。这是不了解学生的表现，这样的教育属于漫无目的的教育，也就是无效的教育。

　　在北京师范大学培训期间，我有幸聆听了迟希新教授的演讲。迟教授的报告题目是"基于中学生年龄特点的有效班级教育"，让我们知道：只有适合中学生特点的教育才是有效的教育。那么了解中学生的特点就显得尤为重要。如同迟教授所言，我们首先应该思考这几个问题：① 高中生和初中生不同年龄段的特点是什么？② 为什么高中生的教育是"引领"而非

"塑造"？③为什么学生的教育离不开活动？④我们的学生教育引领是有效的吗？

高中生和初中生的差异是很大的。这个阶段的学生开始形成自己的人生观和价值观，在这个关键的转折点上，我们要尊重学生，让他们健康地选择和成长。著名的克伯屈理论是这样的：学习=主学习+副学习+附加学习。其中，副学习是不经意间受到的影响，而附加学习是对学生态度和感受的引领。这个公式体现了德育的显性和隐性两方面，而依托活动或者班会等形式就能将两者有效结合在一起。

当然，活动的内容有很多，但是最根本的内容应该是道德的感染，不懂感恩和不会与人交往的学生是我们最不愿看到的。因此，这就要求学校和社会、学校和家庭多沟通，拓展学生的视野，启迪学生的心智。

二、家长的事必躬亲

对于任何时期的学生来说，家庭的作用都是至关重要的。因为家长的身教重于言教，因为家庭的内部氛围无时无刻不影响着学生们的成长。北京师范大学李永瑞教授在"教学无涯，成长为大"的报告中指出，中学生的个性完善60%决定于家庭，30%取决于学校，10%取决于社会，由此可见家庭教育对学生的影响之大。

在如今的家庭里存在着两类家长：一类是不了解孩子甚至也不想了解，于是把所有问题都抛给学校，留给老师。另一类是事必躬亲，内外大小事一把抓。两者的做法都是有问题的，但是后者的危害性无疑是更大的。第二类家长在孩子的成长时期过于强势，剥夺了孩子的自主选择权和对紧急事情或重要事情的应变能力和处理能力。当真正面临考验，需要孩子自己解决问题的时候，孩子便显得无能为力或者缺乏勇气，比如说高考。

在2014年高考备考期间，就有很多学生暴露出了类似的问题：王同学的学业从小到大几乎就是在妈妈看护下完成，久而久之，妈妈必须每天坐在桌子对面陪着他，他才能开始学习，否则就没有学习状态。高考前的几天，小王还出现了非常焦虑的情绪，迫于周围的压力，他甚至有放弃高考的想法，最终高考的成绩也不是很理想。

当然，家长的事必躬亲也未必一定不正确，关键还是看方式和方法。

有个孩子，对一个问题一直想不通：为什么他的同桌想考第一，一下子就考了第一；而他想考第一，才考了全班第21名。回家后他问："妈妈，我是不是比别人笨？"母亲没有回答。孩子小学毕业了，虽然仍没赶上他的同桌，但他的成绩一直在提高。母亲为此带他去看了一次大海，就是在这次旅行中，这位母亲回答了儿子的问题。后来，儿子以全校第一名的成绩考入了重点大学。

母校请他给同学们及家长们作一个报告。他讲了小时候的那段经历："我和母亲坐在沙滩上，她指着前面对我说，'你看那些在海边争食的鸟儿，当浪打来的时候，小灰雀总能迅速起飞，拍两三下翅膀就飞上了天空。而海鸥总显得非常笨拙，从沙滩上飞上天空总要很长时间，然而，真正能飞越大海、横过大洋的还是它们。"这个报告使很多母亲流下了眼泪，其中也包括他的母亲。

教育的最高境界是四两拨千斤的无痕教育！"养孩子就像种花，要耐心等待花开。"是啊，慢养孩子，耐心等待花开！慢养并不是时间上的慢，而是说教育孩子父母不要太担忧、太着急，不求一时的速度与效率，不以当下的表现评断孩子，尊重每个孩子的差异。真正的园丁不会在意花开的时间，他们知道每种花都有自己的特点，只是开花的早晚不同。

由此可见，家校联合是时代教育的必然要求，而其有效性也决定着教育本身的有效性。家校联合的方式也是多样的，可以建立家委会，也可以开通微信群或者家长论坛等。

　　总之，不管教育者是谁，我们目前教育的对象都是一致的，而孩子的天性不一样，所以即便是在同一课堂教授相同的内容，教授的方式也不一定要一样，当然最终的评价标准也不一定要一致。对学生的教育要尊重，要给他们足够的自由，让其尝试，可以引导但不要强制，毕竟殊途同归才是最佳的解决手段。这样才能使每一个学生得到有效的发展，这也才能被称作有效的教育。

1+1>2

青岛大学附属中学　白晶晶

　　大雁有一种合作的本能，它们在飞行时往往呈"人"字形，而且会定期变换领头雁，因为打头的雁在前面开路能帮助它两边的雁形成局部的真空。科学家研究发现，雁群以这种形式飞行，要比单独飞行多出12%的行程，这也就是说合作可以产生1+1>2的倍增效果。其实，教育界又何尝不是？一个孩子从呱呱坠地到长大成才，要经历一个漫长的过程，在这个过程中家长与老师担任着尤为重要的角色，假如两者能够相互配合、相互支持，形成教育合力，那么孩子一定会受益匪浅。家庭教育与学校教育完美结合，必将出现1+1>2的满意结果。

　　在众多老师中，与学生接触机会最多、时间最长的当属班主任。班主任比较了解孩子，通过班主任来争取家长支持，达到较好的学校与家庭合力育人可谓事半功倍。在我当班主任期间，与家长配合完成了很多工作，效果极佳。比如，家长配合学校管理孩子的手机，使他们将更多的注意力放在学习上，对初中生来说不仅成功避开了网瘾，更躲过了由手机引起的青春期的叛逆；再如作业落实问题，由家长督促、老师反馈使孩子每天的作业都能保质保量完成，保障了学习的效率与效果……

　　班主任为什么要得到家长的支持，形成学校与家庭影响的一致性？因为老师与家长双方都是有着共同的教育目的，都希望自己的学生与孩子成才。假如没有这种一致性，那么学校的教学和教育的过程就会像纸做的房子一样倒塌下来……只有学校教育而无家庭教育，或只有家庭教育而无学校教育，都不能完成培育人这一细致、复杂的任务。这也是家庭教育与学校教育对孩子所产生的1+1>2作用的真正内涵。作为班主任，我这些年在与家长的频繁接触中，有过欢笑也有过困惑，在不断的探索中我总结了以下几点与家长合作提高育人合力的做法。

一、获取信任——和谐关系利支持

家长支持学校与班主任工作的前提是对其有强烈的认同感与信任感，只要班主任尽心尽责地对待班级中的孩子，这一点是不难办到的。此外，我们在与家长接触和沟通过程中一定要学会尊重对方，讲究方法与说话的技巧，不论是交流孩子的什么问题都要实事求是，先扬后抑，缩短与家长间的心理距离，千万不可将交流变成"告状"或者"批斗"。例如，在与家长反映后进生的相关问题时，可适当地将主语变成"咱孩子"，此时家长可明显感受到班主任与他们立场的一致性，自然会义无反顾地支持老师对孩子的教育工作。

二、达成共识常沟通

家长与班主任都希望孩子们健康成长，在学业上有所成就。但是班主任工作烦琐，家长也有自己的工作，这使得双方不能经常见面沟通学生出现的小问题。老师与家长之间可借助电话或者微信及时反映近期学生在家或在校的状态以及相应的改善措施，让家庭教育真正成为学校教育的重要补充与延伸，让学生接受最高质量的一致性的有效教育。

我班的××同学，平时在学校略显内向，成绩平平，自己感觉很郁闷。我找她谈话说到她自身问题时，她经常瘪瘪嘴的小动作引起了我的注意。她跟我说自己不是故意的，还有平时也很努力，可一直没有大的起色，再加上初中相比小学课程多，自己有点应接不暇，感觉很无助。当天我给她妈妈打了电话了解其在家的表现，结果妈妈说孩子是家里的小公主，脾气暴躁，有时还与妈妈顶嘴、摔门，爸爸因工作忙不太与孩子沟通。她每天回家先得看会电视，然后才磨磨唧唧地去写作业，效率很低，家长看着着急但有点无能为力。我与她妈妈商量后，给孩子制订了特殊的教育计划：将家庭电视暂停，爸爸每周与孩子至少深聊一次，妈妈每天记录孩子在家完成作业的时间并定期与我打电话沟通是否在家有进步，我负责在学校鼓励并告诉她学习的方法。这样持续了三个月，她的各种表现与心态都发生了很大的变化，喜欢与其他同学交流，成绩也有了突飞猛进的进步。

三、量化反馈——家校关注要同步

一个班级就是一个小集体，班主任不可能每时每刻关注到每一个孩子，所以我们班有一个传统是建立班级量化本，作用是用来表扬优点与批评缺点。每天将班级的情况反馈到家长群中，让家长能与学校同步见证自己孩子在学校的成长，有好的表现家长与老师一起表扬，有不太好的表现家长能利用家庭教育的力量辅助孩子改正，加快他们进步的步伐。实践证明家长很支持这个量化本的建立，而且学生在习惯的养成与学习的落实上都完成得不错。

班级中有个男生，他活泼开朗，每天开开心心地回家，作业也很快就完成，家长认为他在学校学得很好，而且会有一个很不错的成绩。可是一次考试让家长出乎意料，他考得很不理想，而且自己也很难过，不知道问题出在哪里。家长找到我说因家里还有另一个孩子，因此没有那么多的时间关注班级的事情，总觉得孩子每天都很开心就自然而然地认为孩子学得很好。我说每天可以抽五分钟的时间看看班级量化本，你会发现之前很多次这个孩子的作业还有课堂提问都表现得不尽如人意，所以才导致这次的不理想。后来，家长每天都会在忙碌中留心关注量化本中孩子的表现，比如有背诵任务时，妈妈会及时跟进，在家里帮着孩子再背一遍，一段时间后，孩子变得越来越优秀。

班主任争取家长支持，提高班级与家庭的育人合力的方法还有很多，比如家访、开好家长会、成立家委会、家长开放日等。不管具体做法是什么，归根结底都是学校教育与家庭教育、班主任与家长的默契衔接与补充，才结出孩子教育上的累累硕果。

最后，我想借用伟大的教育家苏霍姆林斯基的话总结1+1>2在教育事业上的重要性。他将人的教育过程比喻成雕刻大理石，他说："有很多力量参与人的教育过程，其中第一是家庭，第二是教师，第三是集体，第四是孩子……如果这些起教育作用的雕塑活动有始有终，行动得像一个组织得很好的交响乐队一样，那么它产生的将是多么美妙动人的作品。然而每个雕塑家都有自己的性格、风格和长处、短处，有时一个雕塑家对另一个雕塑家的技艺和创造持批评态度，不仅力图用刀子在未加工的大理石上精心雕刻，而且总想对另一个巧匠刚刚做好了的地方乱加修补……刀子犹如利剑相互交锋，大理石碎屑飞舞，有时整片整片从洁白的大理石上劈落下来……"这样的情景告诉我们，假如家庭与学校教育得不到沟通和协调，它将对儿童的正常发展和健康成长带来不利影响。所以，我们要给孩子成功的教育，要给孩子1+1>2的家庭与学校和谐一致的教育。

家校沟通，帮我们走入学生的心灵世界

青岛市盲校　李　霞

在魏书生的《班主任工作漫谈》一书中，有这样一段话："走入学生的心灵世界中，就会发现那是一个广阔而又迷人的新天地，许多百思不得其解的教育难题都会在那里找到答案。对学生细致入微的了解，使教师的工作如同有了源头活水，常做常新。"

相信每一位班主任老师都想达到这种走入学生心灵世界的理想状态，可总苦于无路可寻。那么，为什么不尝试与家长携手合作呢？

盲校的学生大都住校，尽管在学校里的时间较长，可是在学校里的表现往往是他们想让老师看到的样子，真实的他们是什么样子呢？家长们把孩子送到学校里来，许多学生每年寒暑假才能回家，他们在学校里是什么样子呢？老师和家长都有更多了解学生的需要，这是家校沟通的基础。

我们班的××同学，平日里的表现非常优秀，严格遵守学校的各项规章制度，学习成绩优秀，每天都把自己收拾得干干净净。在学校举行生活技能比武时，我毫不犹豫地给他报了名。比赛中，他抽到的项目是穿鞋带，令人想不到的是，当场上其余七名同学都穿好了两只鞋的鞋带时，他竟然一只都没弄好。这样的结果是我完全没有想到的，问过了他同宿舍的几名同学，大家也都不知道为什么会这样。带着疑问，我拨通了他妈妈的电话。之前与这位家长交流过许多次，可都是关于孩子的成绩以及在学校的表现，听到我问生活方面的能力问题时，孩子妈妈也很意外。她告诉我，因为儿子从小就是全盲，她为了让儿子有更好的未来，对学习方面管得特别严格，却包揽了生活方面的所有工作。高一第一学期，吴同学非常不适应住校生活，可是为了不让老师和同学们笑话，他暗地里使了很多劲儿，学会了不少本领。可还有些事情一时半会儿学不会，比如穿鞋带。吴妈妈保证，一定会利用寒暑假的时间好好帮孩子掌握更多的生活技能。后来有一次，我装作不经意地问××同学："你不会穿鞋带，那每次刷鞋的时候你都是怎么解决的呢？"听了他的回答后我这才知道，不把鞋带解下来，带着鞋带一起刷，是好多盲生都会做的事情。看我有些惊讶，他还告诉我，有些盲生刷牙的时候牙膏都不是挤在牙刷上，而是直接挤在牙上呢！

虽然刷牙、刷鞋看起来是小事，可是却给我带来了很大的触动，只有与父母做深入全面的沟通，才能了解到每一个学生的生活轨迹和特点，才能更好地了解他们。

接下来，我在班级家长的微信群里，发了这样一则通知：我想更全面地了解您的孩子，您也想更深入地了解您的孩子吗？欢迎与我联系。虽然我们班只有13名学生，可是三天内有8名同学的家长主动联系了我，看来家长们与老师的想法一致啊。

班里还有一位同学，脾气不太好，总是容易被激怒，我和他妈妈沟通过许多次，也没有发现问题的根源。在家访中，遇到了他的爸爸。也许是在他家的原因吧，爸爸跟我谈了很多。这位同学很小时家人就发现了他的眼疾，到处看病无果。爸爸忙于挣钱养家，妈妈一人在家带他。生活的压力，孩子的眼疾，种种因素让妈妈变得十分暴躁，他从小和妈妈一起长大，慢慢就变得和妈妈一样了。后期在与这位同学的交流中我发现，他明明知道自己这样不好，可是不会用其他的方法来解决遇到的问题，后来借助于心理教师的辅导、班主任的协助，他的转变非常明显。

在与家长的沟通中我发现，我们的目标一致是能进行有效沟通的基础，而想要使沟通进行得更加顺利，还是得讲求技巧，沟通方法才是能进行有效沟通的关键。

首先，老师的态度一定要真诚，不管遇到什么问题都不能教训家长，要注意自己说话的语气。其次，一定要学会倾听，少说多听没有坏处，只是老师一味地说，这不叫沟通。最后，不管学生犯了多么严重的错误，都要找出一些他的优点和长处，这样才能使得家长更容易接受。

家校沟通，合作共赢，让我们一起走入学生的心灵世界，帮他们走向更加美好的未来。

挖掘家庭教育资源　优化家校合作

青岛市崂山区第一中学　曲晓平

　　家庭是人类社会最基层的组织，也是人类实现自身发展的最小单位，家庭教育在人一生的成长中，具有非常独特的意义和价值。做班主任久了，遇到过很多的学生和家长，我渐渐发现，孩子身上的优点或缺点，都能在家长身上找到根源。苏霍姆林斯基就曾说过，生活向学校提出的任务变得如此复杂，以致如果没有家庭的高度的教育素养，那么不管（学校）教育付出多大的努力，都收不到完美的效果。我坚信一点，教育不仅应该面向学生，也应该面向家庭、面向家长，从家庭中挖掘优秀的教育资源，优化家校合作，才有可能培养出更优秀的孩子。

一、现代社会对家长提出了更高的要求

　　工作这些年，接触到的家长在文化素质上也在不断地提高。但从整体上看，大部分家长对于如何为人父母、如何进行科学有效的家庭教育，依然没有太多的认知，在观念、知识、方法和能力等方面均存在不如人意的地方。父母们往往是在用昨天的知识教育今天的孩子，却要求孩子面向明天的太阳，由此产生了很多问题。

　　我们面临的很多学生是独生子女，父母普遍望子成龙、望女成凤，普遍希望把自己未曾实现的梦想强加在孩子身上。这种心理往往导致家庭教育走向一种极端，"虎妈""狼爸"现象在一些家长身上表现得较为明显。最常见的情况是，对孩子提出过高的、不切实际的要求，看不见孩子的成长和进步，忽视孩子的多元化发展，眼睛只盯着分数，眼里只

有文化课成绩。孩子感受不到来自父母的鼓励和支持，只有无休止的、不断提高的对成绩的要求。这种状况导致了很多孩子的厌学情绪和逆反心理。

还有一种家长正好相反。因为时代的发展和社会的变迁，很多家庭因为房屋拆迁、做生意等原因，经济条件相对优越，让很多父母产生了"读书无用论""读书不能挣大钱"这样的观念。长期的耳濡目染，对于孩子人生观、价值观、世界观的形成，造成了负面的影响。这一类家长普遍对于孩子的学业、品格及其他方面的发展没有太高的要求，得过且过，孩子在学校的表现也会出现各种各样的问题。

在教育孩子的过程中，如何与家长进行有效沟通，引导家长进行家庭教育，应该说是一项伟大的艺术。孙云晓老师说，"父母好好学习，孩子天天向上"，我觉得说得非常对。父母如果想在孩子的教育问题上有更多的发言权，必须为孩子做好榜样。

1. 家长要学会控制自己的情绪

任何人都会有情绪波动，面对孩子不尽如人意的学业表现或者不良的生活习惯，父母要学会控制自己的情绪，做自己情绪的主人，遇到事情首先告诉自己要冷静，思考一下眼前面临的问题、解决问题的方法、发火是否有助于问题的解决，不要给孩子树立一个遇到困难就情绪失控的坏榜样。

2. 家长要有良好的文明习惯

很多孩子在学校表现出没礼貌、没教养、不爱护公物、随手乱扔垃圾等习惯，有可能是在家庭环境中耳濡目染形成的。有些家长在日常生活中随口骂人、对老人没耐心、不遵守交通规则、外出游玩乱扔垃圾，甚至有些家长在校园里抽烟，有这样不文明的行为的家长很难教育出文明有礼的孩子。

3. 家长要讲究诚信

部分家长对于孩子总是随口给出承诺却一拖再拖不兑现，甚至不了了之，长此以往，不仅孩子不再信任家长，还学会了撒谎，面对老师、同学的时候也会表现出不信任甚至有欺骗行为。

4. 家长要有时间观念

很多孩子时间观念比较差，做事拖拉或者经常迟到，往往跟家长没有时间观念有一定的关系。

5. 家长不要沉迷于手机或电脑

孩子在家的时候，家长不要长时间对着电脑、手机、电视，应该多与孩子交流，或者一起读书，营造出积极向上的家庭氛围，孩子才不会沉迷在手机、电脑中无法自拔。

良好的亲子关系，优秀的榜样力量，会让孩子从家庭教育中汲取很多营养，更好地接受学校教育、更好地走向社会，实现1+1＞2的教育效果。

二、家校合作促进学生发展

班主任在与家长沟通交流的过程中，要注意方式方法和沟通的效率。只有家长和老师劲儿往一处使、心往一块想，才能达到家校合作共促学生发展的目的。

1. 以理解宽容赢得家长支持

班主任和学生家长在教育学生成才目标上是一致的，两者不存在领导与被领导、教育与被教育的关系。有些班主任可能是"恨铁不成钢"，学生一犯错误，就把家长请到学校，批评一通，使家长有口难言，极大地挫伤了家长的自尊心，也达不到班主任预期的教育学生的目的。因此，在研究学生问题时，班主任要意识到每位家长都希望有个引以为荣的子女，都爱面子，绝不能采取居高临下的姿态训斥家长。应该和家长平等友好地沟通，心平气和地协调，共同探寻解决问题的途径，共同处理学生存在的问题。

班主任是学生效仿的榜样，班主任处理问题的方法是学生的镜子。班主任的理论水平、道德修养、处事原则都会对学生产生深远的影响。因此，班主任一定要公平、公正地对待每一位家长，虚心听取家长的意见和建议，取得家长支持，才能实现家校合作共赢，促使学生健康成长。

2. 有目的地进行沟通，获得家长配合

班主任与家长谈话有两种情况：一是事先约定，请家长某日来校谈话或班主任某时登门家访；二是家长到校接孩子时遇到班主任而与之谈话。如果是前者，班主任就要充分考虑谈些什么话题，从什么角度入手，谈几个要点，什么是重点，最后落实些什么问题，要达到什么目的，大约需要多长时间——这些都需要在脑子里考虑成熟，最好打好腹稿，见面后时就有条不紊地聊天、交换意见，从而实现预定目的。如果是后者，班主任就要善于将孩子在校的情况简要地向家长反映，同时提出希望孩子在学习上要达到什么目标，在表现上有哪些优缺点，希望家长配合做些什么工作，等等。

谈话时要注意把握分寸，使家长一听就明，准确把握要点。切忌滔滔不绝地大谈学生的缺点和过失，告学生的状，对学生的成绩和长处闭口不谈或轻描淡写地一带而过。这样易激起学生及家长的怒气和反感，甚至导致家长与班主任产生矛盾，不利于获得家长的配合。

3. 开好家长会，形成统一认识

家长会形式多样，可以适当灵活一些，不必千篇一律，不必框定一种模式。可以请个别家长讲述自己的成功的家教经验、请学生以实物或文字语言向家长汇报自己的成绩，以使家长了解学生，使学生彼此促进；也可以由学生代表向家长汇报班级同学的学习、思想、生活情况等，使家长看到子女在各方面的成长，从而更好地配合学校的工作。

要开好家长会，目的、要求一定要明确，选时要恰当，会议的内容应事先书面通知，要经过充分的准备，并要妥善确定开会时间，力争使大多数的家长都能参加。同时，会议的召开要准时，不拖拉。班主任一定要有发言，班主任的发言，要充分体现对家长的尊重和对学生的热爱，以引发家长的共鸣。这样才能取得预期效果。一定要把家长会开得轻松愉快，使家长们能及时了解学生、老师及学校，形成统一认识，更好地配合老师和学校的工作。

孩子的教育问题并非一朝一夕就能成功，这不仅需要教师、家长、学校多方面的配合和沟通，也需要班主任的细心工作。只有充分挖掘家庭、社会和学校的各种教育资源，形成合力，进一步优化家校合作，才能更好地促进学生成才、班级和谐、学校发展。

家庭教育不容忽视

青岛第五十八中学　李　倩

在我们的日常教学中，经常会遇到这样的问题，学生在学校表现良好，但是在家中是完全不同的样子，不但在生活方面依赖家长，甚至学习也是依赖家长，往往要在家长的督促下才能去完成。班里就有这样的孩子，在学校的时候，有老师们的监督，或者在其他同学的影响下，孩子能够静下心来学习。但是通过和家长的沟通得知，孩子自己在家的时候就控制不住自己，对手机的依赖性也很重，一回到家里，总是手机不离手。这样的现象也是值得我们去思考的。

我们的教育不仅仅只是在校园里，不只是在课堂上，我们教育的目的是让孩子成人。鲁迅说过："教育是要立人。"当下，我们不但要注重学生的在校表现，还得注重学生在家中、在社会中的表现。学校教育、家庭教育、社会教育都被认为是对青少年进行教育的主渠道，是协同教育的一个整体，尤其是学校与家庭之间，承担着对孩子的直接教育责任。家庭、学校教育是否密切配合、积极协作、相互支持、形成合力，决定着教育的成败。所以，在注重素质教育的同时，构建起家庭、学校协同教育的格局就显得尤为重要了。

但是在现实中，家庭与学校教育之间仍然存在着一些问题。有的家长把孩子送到学校之后，就认为教育就是学校的事情，与家庭就没有关系了，家庭教育意识淡薄。有些家长缺少家庭教育观念，缺乏参与学校教育的意识，没有认识到参与是自己的权利与义务。有的父母认为病要大夫看，孩子要老师教，所以孩子一旦上学，就把教育子女的责任完全推给学校。这些家长认为教育主要是学校的事情，孩子的学习和思想归老师管，家长只要配合老师，管好孩子的吃、穿、住，满足孩子的物质需求就可以了，而没有认识到家庭、学校应该是互相支持、互相联系、互相依存的合作关系。

作为教育对象的学生，其主要任务是学习。在学校教育这种特定的环境中，学生通过学习获得身心的发展。但学生不是消极被动地接受教育，他们是学习的主体，是具有主观能动性、具有不同特质的人。

只有更好地促进家庭、学校协同教育，才能让孩子得到更好的发展。学校应定期举办家长学校，重视家庭教育的作用。以机制为依托，健全组织机构，加强对家长学校的管理。学校建立由校长、主任、班主任、家长委员会代表组成的家长学校管理网络，形成一个多层次、多形式、多渠道的家长学校工作网络，在这样的机制依托中，学校开展的家庭教育工作得到保障，每学期初制定家长学校计划，家长学校工作小组全体成员一同商议，群策群力，使家长学校工作更趋民主化、规范化。家长学校组织工作落实实施，对学校的一些重大活动进行组织与协调。在家庭教育工作中，倡导"三边互动"的原则，即老师与学生、父母与子女、家长与老师之间都应有不断的对话，让先进的理念、创新的思维、鲜活的知识伴随着思想与情感，在彼此之间的交流互动中积极有效地沟通渗透，依托各方力量，办好家长学校。

学校要重视家长学校这块教育主阵地的建设，成立家长学校领导机构即家长委员会，定期召开家长委员会会议，通报学校工作计划及取得的成绩、听取家长委员会成员的合理化建议等。依托家长委员会，组织专题研讨，为家校沟通、亲子沟通提供平台。同时从家庭教育的视角，与家长们一起思考如何提高教育的有效性。为加强教育的效果，一方面教师要访问学生家庭，做好了解、协调工作，防微杜渐。另一方面，还要通过家长学校这种组织机构治标治本，对学生家长有针对、有系统、分层次地进行家庭教育的辅导，通过家长会、辅导讲座、交流会、家长信、校刊小报等多种途径和手段，帮助家长树立正确、新型的家庭教育观念，传授家长科学、合理的育人常识和技巧，提高家庭教育水平。

家长的家庭教育水平的提高也是需要重视的一个问题。家长要加强对家庭教育方法的学习，营造协调的家庭学校协同教育的环境。首先，为了实现家庭教育与学校教育的一致性，继续巩固学校的教育效果，对孩子进行持续教育，家长要积极创设良好的家庭环境。通过家访、家长会、家校联系录等，家长有意识地向学校正确的教育观念靠拢，掌握科学的教子方法。家长有了问题，也可以主动与老师联系，互相交流一些习惯培养的好方法、好措施等。其次，特别强调家庭教育内部的一致性。家庭成员之间要统一教育思想，主动配合；家长之间出现矛盾，尤其是两代人之间的冲突，要背着孩子协调；家长要注重自己的言行，在家做学生榜样，积极营造良好的家庭环境。此外，还要通过家校交流活动，学习一些教育理论，努力做具有"现代的教子观念、科学的教育方法、健康的心理素质、良好的生活方式、平等和谐的亲子关系"的父母。

在家校双方的共同努力下，形成协调一致的良好的家庭、学校协同教育环境。家长要改变家庭教育的被动局面，增强对学校教育的参与性。有的家长认为，教育学生是老师的事；而有些老师则认为，学生就要听老师的，有的家长教育不好反而起反作用。其实，两者都有片面性，应该充分发挥家长和老师的主观能动性，而作为家长可以积极参与到学校管理和教育教学工作中来。比如家长可以利用学生的学生手册、家校联系录、家长反馈表等，主动积极地参与对学生的评价与管理。其次，家长不同的职业、社会阅历可以成为学校、老师开展教育活动非常好的资源库，因此家长可以主动参与学校举办的各类讲座、家长学校、家长会、班级活动等，充分发挥协同教育角色，知情明理、热心参与，变过去的被动接受为主动交流。这样，家长在家校共育中就有了一席之地，互相交流学校、家庭中教育的经验，创造生动活泼的家庭、学校协同教育的局面，甚至可以共同制定协同教育目标、计划，开展合理化建议，使家庭教育和学校教育能在双方的合作伙伴关系中真正做到和谐同步。

在全面推进素质教育的今天，学校教育、家庭教育应密切配合、协调一致，所有家长和全社会都应行动起来，群策群力，为培养高素质人才而努力。

家庭教育应在班主任指导下进行

青岛第五十八中学　王　祥

随着人们对家庭教育的重视，家庭教育指导方式和途径也随之多了起来，如家长学校、家庭教育报告会、家教经验交流会、家庭教育系列讲座等，有关家庭教育的书刊也应有尽有。然而，这些方式和途径总是让人感到缺少即时性、针对性、连贯性和实效性。所以，只有教师，尤其是班主任才更能胜任家庭教育指导的重任。

一、转变观念，指引家长

在新的历史条件下，教师要树立大教育观，把家庭视为重要的学校教育资源。家庭教育与学校教育是未成年人所接受的两种最为重要的外部教育。班主任既是学生的教育者，又是沟通学校与家庭的桥梁。班主任应对家长的教育思想、教育方法给予必要指导，使家庭和学校的教育形成合力，使每位学生都能健康成长。二者结合好，合力是巨大的，但如果不能相互理解，产生的反作用力也是巨大的。班主任的工作如果能够得到家长的理解、支持和帮助，使学校教育得到家庭教育的支持，那么学生将是最大的受益者。

班主任首先要引导家长树立正确的家庭教育思想和观念，树立正确的育人观，明确为国教子的责任与义务。班主任要帮助家长克服过去那种只重视学生成绩而忽视学生思想品德、心理健康的观念，要把学校的新思想、新观念及时传递给家长，让家长了解学校对学生的教育要求，以便更好地配合，力争做到家庭教育与学校教育的统一，使家庭教育具有较强的时代性和针对性。

家长把孩子送进学校，就把教育的希望寄托在老师身上。家长希望与老师有较多的沟通，从而更多地了解自己的孩子，并且非常乐于接受老师的意见和建议。教师对家长提出的教育孩子的每一个希望、每一个要求、甚至每一句话，都会深记在心，努力为之。"信任是最好的老师"，家长对教师的信任，使教师获得了家庭教育指导的"特权"。

班主任对学生的教育要取得成功，除自身采取科学的教育态度和科学的教育方法外，还需要加强家庭教育的指导，以促进家庭教育与学校教育相结合，共同创造适合学生健康成长的良好环境。要达到这一目的，班主任不仅要承担做好学生思想政治工作、促使学生健康成长的责任，而且有指导家长开展好家庭教育的义务。

二、了解孩子，掌握方法

教师在与家长的交往中，除了理解和不抱怨孩子的问题、表扬孩子的优点之外，还要注意客观地分析孩子身上存在的问题，帮助家长找到问题的症结所在，提出一些建设性的做法和意见。一般来说，问题孩子的家长不管表面上怎么坚强，他们其实已经处于困境中，对孩子身上存在的问题往往已经束手无策了。如果我们能给出合理的方法和建议，他们还是会试着去做的。所以，当教师感觉找到了孩子身上的问题，就应坦诚地跟家长交流。

班主任要利用家长会、家访、家长学校等机会，传授给家长一些行之有效的科学教育方法和技能。如变过去的"棍棒教育"为说服教育；变斥责教育为循循善诱；变死盯缺点为发现闪光点；变一味地"严"为宽严有度等等。同时，班主任还要让家长在开展家教时，根据学生不同年龄特征和不同心理变化，采取不同的教育方法，做到既要关心孩子又要理解孩子，克服那种简单粗暴的教育方法，为孩子健康成长创造一个良好的家庭环境。同时，班主任还应及时交流和推广家庭教育的成功经验，提高家长培养子女的能力。

在日常的教育教学工作中，在与学生的接触、摩擦、碰撞中，教师深知每个学生的脾气、秉性、兴趣、爱好、性格、习惯等。"孩子是家长的影子"，在每个孩子的表现中，无不渗透出家庭教育的特点和水平，如一个讲文明、懂礼貌、爱学习、勤思考、活泼、开朗、合群、有爱心、愿助人的学生背后，一定有一个有文化、有修养、宽容、民主、善良、勤奋、重学习、善钻研的好家长；而一个不爱学习、性格暴烈、缺乏同情心和爱心的学生背后，则会有一个与学生相近的家长，教师把孩子的日常表现告知家长，让家长理解自己的孩子，家庭教育也可以有的放矢。

三、积累经验，以身示范

教师在多年的教育实践中，不仅掌握了各年龄阶段学生的特点，积累了丰富的教育经验，而且在多年与众多家长的接触和了解中，亦积累了丰富的家庭教育经验。在家庭教育指导工作中，他们或者采用"拿来主义"，或者对其进行理论加工，进而把好的家庭教育经验进行宣传和推广，把反面的教训和启示作为前车之鉴告诫给家长，这些"现身说法"和经验，真实可信，很有现实指导价值。

父母是孩子的第一任老师，言行都会使孩子耳濡目染，长期受到影响。因此，要教育好学生，在学校，教师要起好榜样作用，在家中，家长也必须以身示范，言传身教，为学生做出表率。家长应把爱国守法、勤劳勇敢、尊老爱幼、艰苦朴素、团结友爱、勤俭节约、助人为乐等传统美德在长期的生活中传授给自己的孩子。其实，家长的言行就是一本无声的教材，其作用难以估量。因而，班主任要利用一切机会，向家长讲明以身示范的作用，明确要求家长以健康的思想和言行感染学生和影响学生。家长好的言行，不仅能收到满意的效果，而且还能抵御不良风气和坏的因素对学生的影响，起到"一箭双雕"的作用。

家庭教育和学校教育一样，是一项系统而复杂的工程。不同的时代有不同的要求，不同的时代有不同的内容，这就需要我们不断地研究和探索。让我们肩负时代的重任，为培养新时代合格的建设者和接班人而努力！

四、积极参与，高效进行

班主任与家长的接触机会多，根据需要可以随时与家长取得联系，这一优势也为家庭教育指导工作创造了便利条件。可以借助家长会、家长开放日、家长学校等活动让家长更多地了解自己的孩子，进而进行有针对性的指导；也可以组织召开家长经验交流会、座谈会或报告会，端正家长家庭教育观念，指导家庭教育方法，提升家庭教育品位；可以组织召开让家长一同参加的各类联欢会、运动会、表演会、竞赛会等，让家长感受到孩子成长的欢乐与幸福，提升家长的责任意识，增强家庭的凝聚力，品味家庭教育的成就感；家长和孩子可以一起创办班级周报或月报，及时交流学生在班级与家庭中的表现，建立班级与家庭的沟通平台；还可以借助家访、便条、电话、网络等途径，随时与家长进行联系和沟通。

综上所述，班主任拥有家庭教育指导的优势，作为教师，理应担当起家庭教育指导的重任，家庭教育应在班主任的高效指导下进行。

家校同心，其利断金

青岛第五十八中学　刘加宝

　　家庭教育和班级管理是孩子成长的重要条件，缺一不可，二者不分主次。家庭教育是学校教育的基础，学校教育是家庭教育的补充。对于传授知识来说，老师的责任更大，而对于孩子的品行来说，家长的潜移默化效果会更甚些。教育是一项系统工程，学校教育和家庭教育相辅相成，一个优秀的孩子背后必定有一个良好的教育环境，所以要让孩子变得更加优秀和卓越必定离不开家庭教育的有力配合。作为班主任，是学校教育活动的直接承担者，是学校落实班级工作的执行者，在开启学生的心智、塑造学生的心灵、陶冶学生的情操方面，起着十分重要的作用。但由于教育过程的复杂性、学生个性的差异性、教育观念的更新、教育方法和手段的多样性，班主任与家长在教育上难免产生分歧和矛盾。那么，班主任应该如何协调处理好与家庭教育的关系？让学校教育与家庭教育更好地配合并产生合力，根据近几年的班主任工作经验，我主要从以下几方面入手。

一、认识家庭教育的重要性

　　家庭是孩子的第一所学校，父母是孩子的第一任教师，家庭也是最早向孩子传授人类社会生活经验的场所，家庭是社会生活的基本单位，社会上的各种关系都通过家庭影响孩子。只有良好的家庭教育才会有更好的学校教育。所以说现阶段的家庭教育越来越重要，对我国教育事业的发展也起着至关重要的作用。做人是立身之本，良好的品质是成才的基础。从某种意义上说，孩子将来走什么路、做什么人、能否成为社会有用之才，都与其所受的家庭教育有很大关系。

二、提高自身素质，取得家长支持

俗话说，榜样的力量是无穷的。一个具有高尚的品格、渊博的学识的老师，无疑是人们心中的丰碑，会受到人们的爱戴，在行动上得到支持和拥护。因而，班主任老师要树立起形象，才能深受家长欢迎。高尔基说："谁最爱孩子，孩子就爱他，只有爱孩子的人，才可以教育孩子。"作为教师，要热爱学生，动之以情，建立融洽的师生关系，进而引起家长共鸣，愿意主动和老师建立起良好的关系，进而能够更有效地开展班级工作。

三、尊重家长意见，建立良好关系

由于班主任老师与学生家长对德育工作的认识不同，对学生的要求、教育的方法也不尽相同，所以教师要与家长经常交流，及时听取合理化的建议，并尊重家长意见，加强对学校的配合和支持，进而建立起良好的家校合作关系。

1. 克服互相埋怨情绪

在面对后进生的时候，教师与家长间易互相埋怨，一方怨老师不会教，一方怨家长不会养。这样，导致双方产生对立情绪。班主任老师在与家长交流时，要具体分析问题产生的原因及其解决办法，防止只"揭短""告状"的现象，导致关系的紧张，不利于工作的开展。

2. 避免伤害家长的感情

班主任往往对喜欢的学生大力表扬，而对一些不称心的学生指责有加，在家长面前大力批评，好事没一份，坏事份份有。这样，导致家长感情受到了伤害，迁怒于孩子。结果造成学生家长怕见老师，于是影响了家校的联系。因此，在与家长交往中，我总是客观对待学生的错误，以商量的口气与家长共商教育方法，这样家长也欣然接受，愿意沟通。

3. 虚心听取家长的意见和建议

一般来说，家长与孩子相处的时间更长，对自己孩子的性格特点、兴趣爱好了如指掌，能较真实全面地反映学生在家里的情况，这对班主任全面了解学生，进而管理好班集体有很大的帮助。同时，学生也喜欢毫无保留地向家长反馈学校、老师、同学和班级情况。家长都非常重视自己孩子受教育的状况，对孩子的班主任、科任老师的调配及他们的教育教学水平等总想问个究竟，观察自己的孩子及其他孩子的学习表现，常常比老师还要深入、细致、具体，从而相应地对学校教育做出一些评价，有时甚至会有一些尖锐的批评或与事实有出入的看法。这时就要求班主任虚心听取，不与家长争吵、争辩。当然，班主任在虚心听取家长的意见和建议时要具有判断能力和心理承受力。由于现在孩子都是独生子女，家长在提出意见和建议时，难免有点偏袒，这时班主任要有较强的判别能力，冷静分析是非，最终以情动人，取得家长的信任，达到同家长互相交流、科学地教育学生的目的。

四、双管齐下

现在的家长文化素质都较高，但教育的知识技能相对还比较缺乏，对孩子的教育方式和方法时有不当。应该通过家长培训会来对家长培训辅导，让他们成为教育的支持者、配合者。同时通过常规主题班会，也对学生进行常规教育（包括理想、前途、人生观、价值观、道德观等）。总之，通过两种途径，双管齐下，家校共同努力，共同教育，使家校成为教育双刃剑。

总而言之，班主任是联结、协调家校关系的纽带，同家长的交往是班主任工作中不能轻视的问题。班主任只有正确处理好与家长的关系，同家长架起一座沟通的桥梁，才能赢得家长的尊重、理解和合作，发挥家庭教育的重要作用，在学校和家庭间建立和谐、密切的联系，使教育形成"合力"和"向心力"。双方互通情报、互递信息、相互启发、相互补充，共同完成好教育、培养学生的任务，达到家校同心、其利断金的境界。

家校合作，共筑教育

青岛第五十八中学　王麦斌

家校合作是当今培养学生的有效办法，家庭和学校、家长和教师是家校合作的主体。学校和教师应在家校合作中发挥主导作用，只有由学校引领家庭、由教师指导家长，吸引更多的家长关心并参与学校教育工作，才能使学校教育与家庭教育相互融合，促进学生健康成长。家校教育是家庭与学校以沟通为基础，相互配合、合力育人的一种教育形式。通过家校合作，孩子受到来自学校、家庭两方面的教育。这两方面的教育是相辅相成、各显特色的，其终极目的都是为了促使孩子更好地成长。家校合作对学生的健康成长、家长教育水平的提高以及学校教育环境的优化都具有重要的意义。学校可以通过开家长会、进行有效家访、开办家长学校、设立家长开放日等来开展家校合作，提高学校的育人水平。

一、家校合作有利于学生的健康成长

由于家庭环境千差万别，每位家长的教育理念不同，教育孩子的方式也不同，但家长和教师希望孩子健康成长的愿望是相同的。家校合作就是让家庭教育与学校教育形成合力，互相配合，针对每个孩子的实际情况去进行引导，给予他们更多的关心，让孩子充分享受到来自学校和家庭的关爱，享受到教育带给他们的快乐。

孩子作为家中的宝贝，家长对其都是百般宠爱，什么事情都想帮其做好，可是这对培养孩子良好的行为习惯并无益处。学校教育除了教授学生科学文化知识之外，最重要的是培养学生良好的行为习惯。习惯的养成是一项长时间的、复杂的工程，学生时代的大部分孩子都身在家和学校这两个主要场所，这就需要家长与学校相互配合，需要家长与学校对学生的要求一致、目标一致，这样才能有效地帮助学生养成良好的行为习惯。

从心理学角度来说，青少年正处于长身体的时期，逐渐开始认识自我、重视自我。当学生意识到自我，并将自己与他人进行对比时，就是其社会化过程的开始。这时，教师与家长就有责任和义务正确地引导学生，使其在身体和心理方面健康发展。家校合作正是教育学生的良好途径。通过家校合作，双方可以互相交流信息，为培养孩子寻求最合适的方法；双方还可以互相学习，帮助孩子认识自我。

二、家校合作有利于提高家长的教育水平

在家庭中，家长都希望孩子能努力学习，考出好成绩。家长对待子女都是望子成龙、望女成凤的态度，往往因此而对子女过分宠爱，违背了儿童的身心发展规律。家校合作可以促使家长到学校去学习先进的教育方法，通过与其他家长沟通、交流，借鉴好的教育经验，从而更新家庭教育观念，提高教育素养。

对于家长来说，家校合作使他们有机会参与到学校教育中来，参与到孩子每天的学习生活中来，能够深刻地体会到孩子学习的不容易，从而更加关注孩子，不仅关注他们的衣食住行，更关心其对知识的掌握情况、与小伙伴的交往情况，等等。家长还能通过学校举办的活动与孩子进行深入的沟通，加强对孩子各个方面的重视程度。而对于学生来说，通过家校合作，他们看到了父母的关心，也看到了父母的不容易，进而能体谅父母、理解父母。和谐的家校合作关系增进了父母与子女之间的感情，有利于亲子交流。

三、家校合作有利于优化学校的教育环境

每个学校都有自己的办学理念，都会按照国家的教育要求严格办学，

但是，有时学校在某些地方也会与社会脱轨。家校合作促使家长将社会上对学校教育的一些建议带到学校，并监督学校不断完善。学校利用家长这一丰富资源，可以不断优化教育环境，从而为学生提供更好的教育服务。

教师作为家校合作的主导者应该起到积极的引领作用，家长也要积极地配合学校和老师为孩子创造一切孩子必须完成却没有时间完成的工作。随着社会的发展，读书已不是孩子和老师的事情，已然变成学校和家庭的事情，其中的参与者需要绷紧每一根弦，家校合作，共筑教育！

挖掘家庭教育资源，提高德育实效性

青岛第五十八中学　于中华

德育是教育的永恒话题，正确引导和培养青少年学生健康成长，是一个关系到国运兴衰和民族复兴的重大问题。家庭教育是一切教育的基础，学校德育工作对青少年学生健康成长起着导向、动力作用。

每一个健康成长的孩子背后都有一个幸福的家庭。家长的观念决定孩子的发展，家长的意识决定孩子的高度。学校要结合实际，充分挖掘家庭教育资源，积极拓宽学校德育的有效途径和方法，全方位、多渠道地开展"家校合育"实践活动，让教育不再"单脚走路"，进一步提高德育实效性。

一、充分了解家庭教育的重要性

1. 家庭教育是孩子成长的起点

家庭是儿童生命的摇篮，是人出生后的第一个受教育场所和第一个课堂；家长是儿童的启蒙老师，是孩子命运的工程师。孩子对父母的言行举止心领神会，以情通情。孩子的眼睛是录像机，孩子的耳朵像录音机，会录下父母的言谈举止，谁都无法取代父母对他们的影响。

2. 家庭教育的及时性

知子莫若父，知女莫若母。家长与孩子朝夕相处，孩子的一个眼神、一个微笑父母都非常熟悉，因此，父母通过孩子的言谈举止就能及时掌握他们的心理状态，发现问题，及时教育，及时纠偏，让不良习惯消灭在萌芽中。福禄贝尔说过："国家的命运与其说是掌握在当权者的手中，倒不如说是掌握在母亲的手中。"这句话深刻地说明了家长对子女的影响。

3. 良好的家庭教育是优化孩子心灵的良方

古语曰：其身正，有令则行；其身不正，虽令不从。幸福家庭就是一本完美的教科书，良好的家庭氛围、言传与身教并重的教育方式，家长的言行都会潜移默化地影响孩子，对孩子的培养起着重要作用。教育孩子不易，在陪孩子一起成长的过程中，愿每位家长都能成为更好的自己。

二、家庭教育对学校德育工作的影响

苏霍姆林斯基说："两个教育者——学校和家庭，不仅要一致行动，要向儿童提出同样的要求，而且要志同道合，抱着一致的信念，始终从同样的原则出发，无论在教育的目的上、过程上，还是手段上，都不要发生分歧。"

1. 良好的家庭教育是学校德育工作的基础

人的教育是一项系统的教育工程，包含学校教育、家庭教育、社会教育，它们相互影响更相互制约，彼此相互关联也相互作用。家庭教育举足轻重，它是学校德育工作的基础，家庭中特有的血缘亲情的影响力，是任何教育都无法替代的。良好的家庭教育像阳光，孩子们会主动向阳生长，我们要巧用家庭教育，让这束阳光更加灿烂。家庭教育和学校教育协调一致，学生就会健康成长、和谐发展，我们的教育也将取得事半功倍的效果。

2. 家庭教育残缺不健康，阻碍德育实效的再提高

问题孩子的背后，必有一对有问题的父母。家庭是子女生活成长的场所，父母的言行举止潜移默化地影响着子女，父母怎样穿戴，怎样同别人谈话交流……一点一滴，对孩子的成长都有很大的意义。家长微妙的神态变化，孩子们都会细心地体察到。有些家长平时不注意加强个人修养，不讲社会公德，爱慕虚荣，贪图享受，这样的"言传身教"最终误导子女。因此，改变孩子父母的教育理念，建立和谐幸福家庭就变得尤为重要，健康的家风将为学校德育工作保驾护航。

3. 家风和谐的孩子快乐成长，学校德育如虎添翼

学校要引导家长充分理解家庭教育的重要性，自觉地做好孩子的教育工作，尽好家长的责任与义务，使孩子在和谐幸福的家庭中获得健康的人格，能够独立地解决困难，自信勇敢地面对困难，勇于承担社会责任，热情友善，积极向上，树立正确的世界观、人生观、价值观，在家庭中做个好孩子，在学校里做个好学生，在社会上做个好公民。

三、如何挖掘家庭教育资源，提高德育实效性

2016年12月，习近平总书记在接见全国文明家庭代表时，重申家庭教育的重要性。岳母刺字，孟母三迁，近朱者赤、近墨者黑……都说明家庭教育对孩子的一生影响颇深。家长希望儿女成为怎样的人，必须自己要先成为这样的人。学校的教育离不开家长的支持，家校通力协作，教育效果才能是加法。

1. 拓宽家校沟通渠道，重视家校协同育人

学校要积极贯彻《教育部加强家庭教育工作指导意见》，建立班级、级部、学校三级家委会，唤醒学校的教育活力，通过家长学校讲座、家访等各种家校沟通渠道，完善学校内外教育环境；利用学校网站、微信、QQ等交流平台，建立多元日常沟通渠道，有效地对家庭教育进行指导和帮助，务实开展全方位家庭教育指导工作，发挥学校家庭教育示范基地的作用，增强家校合育的系统性、科学性，提高教育教学质量，进一步加强学校德育实效性，使学生习惯养成、道德引领方面取得显著效果。

2. 定期召开家委会培训会议

通过培训交流，增进家校了解，密切家校联系，让家长们更深地感受到教育的艺术性和科学性。让家委会成员走进学校，走进课堂，了解课堂教学和课改动向，和学校老师、值周学生一起监督检查，真正体验孩子在学校的成长，家校同行形成合力，推动学校教育教学工作的发展，为孩子的健康成长搭建宽松愉悦的平台。

3. 举办家长公益大讲堂

好孩子是教出来的，好父母是学出来的。通过举办家长公益讲堂，凝聚教育智慧，交流教育经验，让家长明白爱是最好的教育，表扬孩子没有副作用。要做一个有智慧的家长，对孩子的爱要有度，千万不能借着"爱"的名义代替孩子去做事情，剥夺孩子们犯错误的机会，因为这也是他们学习、进步的机会。借此引领带动家庭，促进父母的再成长，提高父母的教育水平，形成良好的家庭人际关系，为促进家校共同成长提供机会和平台，也为学校开展教育教学工作提供新思路。

4. 开发校本教材，实施家校合育校本课程

学校结合实际，积极开发校本课程，逐步形成家校合育班级授课体系。为家长学校的每一位家长配备《陪孩子走过高中三年》一书，作为家长们分散自学的教材。这是一本家长用心写给家长的书，没有空话，教育案例源自生活的点点滴滴，叙述中折射出的教育智慧足以让所有家长动容。《与孩子一起成长》是我校心理组自主开发的家长学校校本教材，共七章，两万多字，内容包括"家庭教育指导""高中生心理发展特点分析""学生的烦恼及解答"等等。《与烦恼对话》一书，是我校心理教师王克伟为家长学校奉献的另一本著作，该书是一本对家长指导孩子成长非常实用的书籍。

5. 开展丰富多彩的亲子社会实践活动

教育实践证明，学生的全面发展离不开家庭教育、学校教育、社会教育的融合。在孩子习惯养成的问题上，父母比教师更重要，家长不能缺席学生成长的全过程。通过班级家委会邀请家长积极参与亲子社会实践活动，以活动为载体，寓教于乐，让父母在活动中接近孩子，在体验中感悟，站在孩子的高度，倾听他们的心声，理解他们的做法，在互动中融洽氛围，促进感恩和谐，强化班集体的凝聚力，提高德育实效。

四、家校合育，共筑成长

家庭是人的第一课堂，也是终身课堂，在搞好学校德育同家庭教育的主动性衔接过程中，家校之间的真诚交流是基础。家庭教育不应是简单地模仿，它也不应是学校教育工作的附加题，更不是减轻老师工作量的手段，我们要尊重家庭教育的规律与特点，尊重父母的主体地位，尊重孩子成长的特点，不把家庭当成学校，而让家庭更像家庭。

家校合育，共筑成长。通过学校、家庭双方的互动，相互支持，互树威信，共同挖掘科学的家庭教育资源，培养和增进相互间的情感，把师生之爱和亲子之爱融为一体，同心协力，达到学校德育和家庭教育的和谐统一，为孩子们的健康快乐成长助力！

巧借外力

家校合育，静待花开

青岛第五十八中学　王代春子

　　著名教育家苏霍姆林斯基说："最完备的社会教育是学校—家庭教育。"学校、家庭、社会三者都是教育的重要环节，缺一不可，既要分工明确，又要互为补充、互相配合、互相依赖。因此，有人将孩子比喻成一棵果树。要让果树结出丰硕的果实，需要三方面共同努力：一是通过追肥、浇水，改进果树周边的土壤结构，让其深深扎根；二是要有适宜的阳光和气候，便于果树呼吸和生长；三是要适时给予剪枝，保存主要的枝干，剪去那些发育不良的枝干，为成熟期结出累累果实做好铺垫。如果做一个类比的话，家庭教育就是"培根"的教育；社会教育就是创造良好环境的教育；学校教育就是剪枝修型的教育。

　　过去的班级管理甚至学校教育都是孤立的活动，家长和社会的力量很少参与进来。但是，这种状况越来越不适应教育的发展，学校在活动开展、课程与教学、管理等方面越来越需要包括家长在内的社会力量的支持与配合，家庭教育的教育功能已越来越受到广大教育工作者的高度重视，而家委会是这个过程中连接学校和家庭的重要桥梁。本文以所在学校的家委会与学校携手共创为例，阐述家委会在学校管理教育教学中发挥的积极效应。

一、家校联合创新课程

1. 丰富课堂，引领职业生涯规划

将家委会融入学生职业生涯规划工作，引导部分家长适度参与到学科

教学和相关课程的开发中是笔者学校的创新性举措，根据不同的职业开展家长论坛不仅能使学生对不同的职业有全新的认识和直观体验，更使他们对父母有了不同侧面的了解，加深了感情认同。2015级5班家长心理教育者孙晓刚先生以"MBTI之性格放大镜"为题为学生们介绍了性格的分类、每一种性格的特点、在群体中适合承担的任务等，并为学生们做了MBTI性格测试的问卷。同为心理教育者的李红霞女士来给同学们开展了一场心理拓展活动，通过体验活动一步步引导学生与自己的对话，促使同学们一步步了解自我、剖析自我、接受自我，进一步去关爱自我。另外，还有"食品、药品安全常识"和"吉他的基本知识"等。从传统文化到现代科学，每个班几乎都有不同专业的家长进课堂，提供多样化、个性化的教育资源。

2. 开拓校外体验课程

学校教育的局限性，需要我们发挥家长的资源优势，为学生开展校外活动提供教育资源。本校家委会全面参与学校教育教学，实现家校深度合作，在家委会组织下，2015级14班同学参观了中车青岛四方机车车辆股份有限公司高速列车系统集成国家工程实验室。在试验车间的近距离接触和工作人员专业的讲解使同学们更深刻认识到了科技强国的重要性及科技引领未来的深刻内涵，对于进一步促进学生学习科技、热爱科技，激发科技梦想、报效社会有着积极的促进作用，也更加坚定了同学们"追求卓越，报效祖国"的决心。2016级6班到青岛市120急救中心学习复原体位、气道异物清理、心肺复苏（CPR）、防溺水等一系列急救知识，增强了紧急情况下应急、急救的能力。2016级8班在家委会的协助下，前往即墨田横参加"一对一"助学活动。2015级11班在浮山之顶，举行了"同在蓝天下，共享一个家"环保公益活动，通过爬浮山捡垃圾亲子互动公益活动，达到了亲近自然、家庭交流、爱心公益的目的。2015级6班通过参观海尔集团、调研民风民俗、身边的地铁、英语公益课堂、心理疏导等活动，带领学生走进企业、走进生活。2016级6班全体同学来到小百灵听障康复中心，为小朋友们送上了精美的玩具，并和他们一起交流，通过文艺表演等多种形式，给他们带来了欢乐，一起度过了愉快的时光。这些活动也让学生们了解了社会，丰富了社会阅历，坚定了大家继续热衷公益、奉献社会的决心。

通过家委会工作，学校挖掘、整合了家长的资源和优势，共同规划学生发展，拓展学生视野，温润学生心灵，为同学的智慧人生奠基。

二、家校联合参与管理

开放校园是我校传统，在不影响学校正常教育教学前提下，我校让家长走进校园，深入课堂，切身体会孩子们在校学习生活情况，进一步加强家校联系。学校家校办公室邀请家长们来校参观并且体验原生态课堂，课下根据学生的不同情况安排任课教师和家长座谈，使家长对孩子有一个全面的了解，找到问题，确定重点帮扶的对象，并为下一阶段的教学做出规划安排，促使孩子快速进步成长，同时家长还可以给学校提一些合理化建议，使学校教育教学水平不断提高。

我校为满足家长日益增强的参与学校教育管理的主体意识和需求，使其感受孩子在校学习环境，本着自愿原则邀请家长与老师一同对学生晚自习进行督导，填写报名表后级部协调安排并将管理反馈表进行反馈，借此加强家校互动，提供家长与老师的交流平台，共同促进孩子学习。

表1　家校合育系列篇——自习管理家长名单表

班级：_____班　班主任：_____
参与时间：_____年___月___日

学生姓名	性别	家长姓名	性别	联系电话

表2　青岛第五十八中学2015级高二级部家校合育之自习管理反馈表

班级＿＿＿＿＿

尊敬的家长：

您好！

感谢您一直以来对学校的关心、信任和支持，同时感谢您在百忙中抽出宝贵的时间参与本次自习管理。为了更好地提升高二级部教育教学工作水平，促进学生的身心健康发展，请您将参与自习管理的感悟及对级部、班级的工作提出宝贵的意见和建议。谢谢您的合作！

1. 参与自习的感悟

2. 对级部及班级工作的建议

感谢您的支持！

同时，我们探究设计以服务家庭教育和亲子活动为目的的课程与活动。家委会根据学校的安排，为家长设计合适的教育活动。2015级14班在家委会组织下特邀青岛市资深心理教师程秀玲进行指导，组织了一场别开生面的母亲节专题活动，引导同学和家长测试自己当前的心理状态并学习如何疏导、排解压力。亲子对视的环节，现场气氛动人心弦，互相深情凝视的家长和学生沉浸在深深的爱与尊重之中，同学们感受到了与父母血浓于水的亲情，下决心要做最优秀的自己，健康成长。

三、家校联合开展家长培训

苏霍姆林斯基说过："教育学应当成为所有的人都懂得的一门学科——无论教师或家长都应当懂得它。"我校由校级家委会主办"做专业的家长"系列公益讲座，通过专家讲座的形式定期为学生家长讲育人常识，推广成功的教育方法。青岛大学客座教授李一针对"家长，孩子成长中的重要他人"的话题，结合自己多年教育工作的经历和人生经验，以生动的资料、诙谐幽默的语言阐述了家庭教育的重要性。他从了解儿童、尊重儿童入手，提出家长也需要学习，了解孩子成长规律，拒绝做家庭之路上无证驾驶的"司机"。通过老农民的智慧和知识分子的尴尬对比，辛辣鲜明指出当今家庭教育存在的问题，进而建议家长们与孩子为伴，由关注结果向关注过程转变，学会等待、问候、鼓励，言传身教，与孩子共同成长。特级教师王克伟老师开展了"心有多远，就能走多远"讲座，告诉家长同孩子打交道要讲策略、讲方法，学会欣赏孩子、理解孩子，静等花开。

家校合作的系列讲座，在帮助家长顺利开展科学教育、掌握管教子女的正确方法、优化家庭教育环境、提升家庭幸福感方面，发挥了重要作用。

家委会的建设对助推班集体健康发展起着积极的作用。我们积极引导家长，围绕家校合作，打造家校联合团队，让家长深入学校教育当中，形成了学校教育、家庭教育合力，共同打造促进学生成长发展的平台。

家长会——学生绽放精彩的舞台

青岛第五十八中学　刘　伟

苏霍姆林斯基说过："如果没有整个社会，首先是家庭的高度素养，那么不管老师付出多大的努力，教育都收不到完美的效果。学校里的一切问题都会在家庭里折射出来，而学校复杂的教育过程产生的一切困难的根源也都可以追溯到家长。"毋庸置疑，在推进素质教育的新形势下，家长会是老师和家长相互交流学生情况、共同寻找最佳教育方法和途径的有效渠道。从本质上讲，家长会应该把学校及教师个人的教育理念和方法展现给家长，并最终落实到学生身上。

然而，鉴于高中学生的升学压力，大多数家长参会时更多关心的是学生的成绩。这导致了目前许多的家长会内容单一，交流的重点大多围着学生的成绩转。结果，家长会往往变成了班主任老师分析成绩的"报告会"，双边的"沟通交流会"变成了单边的"成绩发布会""学习指导会""心理疏导会"甚至是"告状会"。显而易见，这完全背离了家长会的本质和初衷。为此，我对高一新生入学后的第一次家长会做了一些特殊安排。

一、搭好展示平台，让学生做家长会的主角

刚刚踏入学校的高一学生，第一次离开家庭，身边没有父母的关照和叮咛，独立面对崭新的环境，难免会让家长时时牵挂，事事放心不下。新高一生家长会，家长们最关心的是：孩子是否适应学校的生活环境，是否能吃饱穿暖；能否跟上高中的学习节奏，成绩不断进步；学校的课余活动是否丰富多彩，既让孩子开心愉悦又促进他们的全面发展；等等。

家长的这些担心，班主任可以通过亲自讲解及PPT展示给家长，让他们了解并放心。但是学生才是一切活动的主角，他们应该最有发言权。如果我们找学生代言，让他们在家长会上把经历的学习生活展示一下，对家长来说更有说服力。另外，这个年龄段的学生都有着极强的表现欲望，给他们提供这样的机会恰好可以满足学生的心理需求。于是，我召集了团支书、班长、纪律委员、学习委员、生活委员等几个对班级工作十分熟悉的学生，一起商讨如何举行这次独特的家长会。针对他们的日常工作分工和个人特点，我进行了任务分配。团支书的文采和口才比较好，担任家长会主持；班长对班级的各项活动十分熟悉，承担活动资料收集和展示的任务；纪律委员负责班级日志，对于学生日常表现十分清楚，负责总结学生日常表现；学习委员负责期中成绩分析，通过分析总结出前半学期班级学习的经验和教训并组织颁奖；生活委员最了解同学们的生活，负责介绍同学们的生活情况。

有了"点"的突破，我还想进一步实现"面"的渲染——让每一个学生都有机会站到台上，这种公开场合的展示肯定能锻炼学生的心理素质。于是我设置了学生分组展示环节。围绕"WE ARE THE BEST"这一主题，全班学生以宿舍为单位组队，利用形式各异的表演展示学生们的信心、对高中学习生活的向往以及对未来的憧憬，以此来增强他们的团队凝聚力。

学生是家长和老师的纽带。通过这样的安排，老师的教育思想落实在学生身上；学生的变化家长看在眼里，满意在心里；核心人物——学生也能得到锻炼和发展。这样的家长会，各方都有成就感，未来也就更加愿意齐心协力谋求更大的进步。

二、当好总导演，让学生展示各自的精彩

学生接到任务后都很兴奋，一个个摩拳擦掌，期待在家长会上有精彩展示。但是学生的经验限制了他们对于展示的理解和过程的把握，选取的

材料不够典型，展示的形式也比较单一。这又需要班主任提前对每一个人、每一个小组进行指导。

主持人是整个活动的掌控者。其策划的展示流程是否合理？主持词是否引人入胜？节奏的控制能否保证活动流畅？在什么时候可以适当灵活发挥，起到画龙点睛的作用，扣人心弦而又深化主题？

班长是否汇总了所有活动？亮点是否突出，特色是否鲜明？用什么样的语言和情感可体现出广大学生的参与积极性和对多姿多彩的校园文化生活的热爱？

学习委员的成绩分析是否全面？数据是否有代表性？典型例子是否具有说明意义？学习经验及教训总结是否科学合理？颁奖能否激励同学们继续奋进？

至于每一个小组的展示，他们的表演内容和形式、表演重心和风格、表演的技巧是否合适以及能否展示出每一个人的特点，也都需要班主任进行精心指导。

在正式开始前，我带领学生到场地彩排。从座位的安排、上下场的顺序、登台退场的注意事项，到舞台站位、灯光和麦克的使用，再到舞台表演的情绪和情感投入，都细致入微地进行指导。最终，家长会赢得了家长们的赞扬，更安抚了家长们高悬的心。学生更是在参与过程中充满自豪，增强了继续努力的信念。

三、做好会后总结，进一步提升家长会的教育效能

所有的活动结束后，我这个班主任正式登场，现场趁热打铁，进行总结，进一步加强活动的教育作用和影响。

第一，引导学生感谢班委，是他们的策划和努力，保证了别开生面的家长会精彩纷呈。通过表扬，提升班委威信，为他们后续开展工作做好铺垫。

第二，表扬全体学生能够在极短的时间内团队协作，准备出别出心裁的展示。通过表扬，肯定孩子的付出，提升他们的成就感，更引导学生今后继续发扬团结协作的作风。

第三，引导家长欣赏孩子。见证了孩子们的成果，目睹了孩子的变化，家长应该自豪，更应该相信学校，接受学校的教育理念，配合老师和学校工作。

第四，引导彼此感恩。让孩子感谢父母、老师的奉献，感谢一路相伴的所有人；也提醒家长感谢孩子，因为他们的进步让自己的付出有了回报。

最后，根据学生的参与体验，引导他们领会"台上一分钟，台下十年功"的道理，让他们懂得做事情精益求精的意义，更让他们感悟"纸上得来终觉浅，绝知此事要躬行"的道理。

家长会没有固定的模式，但是基本原则应该是有利于素质教育，有利于老师与家长、学生的相互交流，有利于孩子的身心健康发展，有利于提高认识、统一思想，达到家长和学校对孩子教育目的的认同。

家长会是家校沟通的桥梁，更应是学生绽放精彩的舞台。开好家长会，让家校共筑良好的教育环境，也让孩子更加满怀自信地成长。

我给学生送礼物

青岛第五十八中学　王连海

又是一年四月季，一年一度的高三成人礼即将开始。临近高考，学生的学习压力明显加大。如何利用好学校组织的成人礼这样一个大型活动来激发学生的斗志、真正明白成人的内涵，是我一直思考的问题。

一番冥思苦想，我想到了一招——求助家长。我在班级家长微信群里提出问题：在孩子的成长过程中，哪些人对孩子的影响最大，孩子一直感恩在心？家长们很快做了回复。有些说是老师，有些说是父母，还有一些说是朋友，我都一一做了记录。我想，让孩子最感恩的人给孩子准备一份成人礼物应该是非常有意义的。一方面可以给孩子们一个大大的惊喜，因为有些人可能很长时间没有见面了，这样一份特殊的礼物学生肯定会很惊讶；另一方面可以培养学生的感恩意识，让孩子们学会感谢生命中的贵人。于是，我就从这方面入手，开始做准备工作。首先在瞒着学生本人的情况下，统计好了学生最感恩的人，接着想尽一切办法联系上这些人，有些是通过家长找到了联系方式，有些是通过其他人找到的。我把我的想法告诉他们，让他们帮忙给孩子准备一份特殊的成人礼礼物。他们听了我的想法后，很感动，感动于班主任的精心策划，感动于学校在高三紧张备考的情况下仍然精心准备成人仪式。他们都表示一定认真完成"任务"。

班里××同学的初中老师今年也是带毕业班，在私立学校工作，压力非常大，找到他的时候，恰巧他生病，但是仍然带病帮我完成了一个祝福的视频。就这样，我一份礼物、一份礼物地收集，有些是家长的一封信，有些是小学或初中老师的祝福视频，有些是好朋友准备的礼物，有些是亲人的音频，不同的礼物，相同的含义，满满的祝福。

学校的成人仪式在温馨和感恩的氛围中进行，环节丰富多彩，有班级集体跑过成人门、有老师和家长代表的叮咛、有鞠躬表达感恩等环节，孩子们在这个过程中心灵不断地受到冲击和感动，对成人的含义有了更深的理解。

我决定抓住这一教育契机。成人仪式后，我立刻举行了主题班会"我的成人礼"，由我给学生派送礼物。每一份礼物之前都有设计，都有铺垫。像给××同学派送礼物时，我说："你初中印象最深的'女神'老师，你多长时间没跟她见面了？"接着播放该老师的祝福视频，在看到老师的一瞬间，这位同学的眼泪止不住地流了下来，在班会结束后，写下了这样的感受："原本以为那段视频是妈妈的煽情话语，可当老班一本正经地说出'我的女神'这几个字时，我诧异万分，紧接着心头一紧，又见熟悉的面容，止不住地泪如泉涌。思念的同时，我也开始愤恨这些日子自己的懈怠、任性、畏难……想想自己也已经成年了，学习这件事不应再让老师、家长担心了。离高考也不到两个月了，也绝不能任由心性了。对待学习的态度要改！表决心的话多说无益，学习吧！做一个让我爱的人为我骄傲的人！"这次班会后，这位同学的变化很大，变得爱学习了，变得更加懂事了。在最后阶段放手一搏，也考出了理想的成绩，被西安交通大学录取。这份礼物所起到的巨大作用也是我没有想到的。在播放来自加拿大的另一位同学的姨妈的音频时，她这样说："感谢我们学校和老师给孩子们准备成人仪式，成人意味着你可以尽情地享受青春，同时也要承担责任。在姨妈心中，你一直是姨妈的最爱和骄傲。你马上也快过生日了，姨妈相信你会冲刺高考，以完美的冲刺给自己的中学生涯画上完美的句号。最后，姨妈也争取在你高考后回去给你庆祝！"听完这段充满温情的音频后，全班同学都感动了，好几个女生都留下了热泪，大家自发响起了经久不息的掌声。

高三一年也许学到的知识会遗忘，但我相信这样的礼物、这样的班会是孩子一生最美好的记忆。

这次班会后，班级的学习和生活都发生了一些改变，孩子们更懂事了，也更用心去学习了。不少孩子在自己懈怠的时候，会反复观看这份特殊的成人礼物，从中找到前行的动力。

这份成人礼物包含着老师的智慧，包含着家长和社会的全力配合，包含着温情，包含着满满的感动和祝福，也是孩子一生中值得铭记的礼物。

考试结束，我们该做什么？

青岛市崂山区第一中学　曲晓平

考试是学生的常态，对于高三学生更是频繁。高考是选拔性考试，而平时的考试更多是检测，是对学习方法、学习状态、学习成效的评估，以便后续查漏补缺，避免重蹈覆辙。道理大家都懂，可如何分析研究，如何总结应对？这很值得探讨。

一、思考三个问题

一是凡是考试就有进步和退步，你怎么看成绩的波动？从乐观和悲观角度来谈。

二是很多人多说，触底（考差）会反弹，触底（考差）为什么会反弹？说说你的理由。

三是触底一定会反弹吗？有些同学一次次触底，他们为什么没有及时反弹？说说你的看法。

二、正确对待成绩，进行横向对比

对考前的学习状态、考前的努力程度、自己的学习方法、考前的准备情况以及自己的应试策略与技巧等各方面与别人对比反思，只有这样才能找到自己主观上或是客观上的差距，然后再看别人是如何学习的，对照自己制定好下一步的复习重点与方法。一定要及时总结，不要等时间长了再总结，那时已经找不到总结的感觉和灵感了。

三、进行纵向对比，自我评价

纵向比较就是根据本次考试试题的难易程度以及自己所得的成绩与上几次的成绩进行比较。看看有没有进步，进步了多少，特别是要看一看自己的这个成绩在全班或是全年级的名次在什么位置上，是进步了还是下降了。最好把自己的每一次考试成绩名次做成一个曲线图，这样就会一目了然，然后再找单科试卷上的问题。

思考完上面三个问题后，再反思一下你在考试之前，用在这一学科上的时间与取得的成绩是否成正比。要看自己的学习方法是否合理，学习效率怎么样；是不是出工不出力，追求了形式而没有讲求实效，等等。

（一）反思自己的考试心态和答题策略

对于答题策略与技巧，因人而异，最关键的是要有自己的考试习惯和答题风格，对于自己的考试策略，要从本科目考试的时间安排，具体到第一卷与第二卷的时间分配、每一道题的答题时间的划分，都有一个合理的计划。

根据试题的难易程度或是熟悉程度来确定答题顺序，总的一个原则是先易后难，先熟悉后陌生。

做每一道试题的原则就是按程序去做题，规范答卷，七分审题、三分书写；审题要慢，书写要快，计算要准，表达要快；对每一道试题都要仔细对待，按程序去解决问题，不留下遗憾，把低级失误降低到最低点。

（二）查找盲区和低级失误

通过考试，能够很好地查找出自己的知识盲区，把自己没掌握的知识点列为下一步的复习重点，加强总结，最好是在自己的笔记本上进行总结，找出解这类试题的规律来，下次再遇到心里不慌，这就是所谓的查漏补缺，归纳总结。低级失误是每一个学生都可能存在的弱点，但它又是可以通过细心来减少的。

（三）建立成绩分析报告表

成绩分析报告表的目的就是把这次考试的得与失进行全面总结，并找出最适合自己的克服这些问题的措施与办法，以备在以后的学习过程中时刻提醒自己，慢慢克服。

考试的功能有两种：检验和选拔，而学生阶段的考试大都是用来检验所学知识是否牢固的。所以，考后试卷分析其实也是考试的一部分，或者说，与分数的获得相比，考后试卷分析才是真正收获知识的手段。

更重要的是，在下一次考试之前要再一次温习这次考试的问题，起到考前总结、考后补充的作用，这样，在一次次的考试中不断总结、不断提高、逐步完善，最终取得理想的成绩。

1.从逐题分析到整体分析

从每一道错题入手，分析错误的知识点原因、能力原因、解题习惯原因等。分析思路是：

这道题考查的知识点是什么？知识点的内容是什么？这道题是怎么运用这一知识点解决问题的？这道题的解题过程是什么？这道题还有其他的解法吗？在此基础上，学生可以进行整体分析，拿出一个总体结论。

同学们考试失分的原因主要有三方面：知识点不清；问题情景不清；表述不清。只要从这三方面及时进行总结分析，考试的效果就完成了。

2.从数字分析到本质分析

首先，统计各科因各种原因的丢分数值。如计算失误失分，审题不清失分，考虑不周失分，公式记错失分，概念不清失分。其次，找出最不该丢的5~10分。这些分数是最有希望获得的，找出来很有必要。在后续的学习中，努力找回这些分数即可。如果真能做到这些，那么不同的学科累计在一起，总分提高也是很乐观的。任何一处失分，有可能是偶然性失分，也有可能是必然性失分，学生要学会透过现象看本领，找到失分的真正原因。

3. 从口头分析到书面分析

在学习过程中，反思十分必要。所谓反思，就是自己和自己对话。这样的对话可以是潜意识的，也可以是口头表达，最好是书面表达。从潜意识的存在到口头表达是一次进步，从口头表达到书面表达又是一次进步。书面表达是考后试卷分析的最高级形式。所以建议学生在考试后写出书面的试卷分析。这个分析是反观自己的一面镜子，是以后进步的重要阶梯。

4. 从归因分析到策略分析

以上分析都属现象分析，在此基础上学生就可以进行归因分析和对策分析。三种分析逐层递进：现象分析回答"什么样"，归因分析回答"为什么"，对策分析回答"怎么办"。学生要首先做到心中有数，具体应做到"九字诀"：马上写、及时析、经常翻。

同学们，或快乐前行，或知耻后勇，及时行动，为时未晚！坚守课堂主阵地，自我约束，相互提醒，和不良现象说"不"。赢在执行，服从命令，听从指挥，不要在细节问题上纠缠不休，分清主次，目标始终如一，学会舍弃。希望同学们不忘初心，砥砺前行，在高中三年的时光里，通过自己奋斗，创造自己的未来。

家校合育——班主任工作的助推剂

青岛第五十八中学　陈鹏先

有一位教育名家这样说过："谁放弃了家庭教育，谁就几乎葬送了孩子的前程；而谁赢得了家庭教育，谁就赢得了孩子辉煌的未来。"家庭教育对一个人的启蒙、成长、成才有着不可估量的作用，家长的人生观、道德观和价值观都会对孩子成长产生极为深刻的影响。

一、家庭教育存在的误区

1. 学校既然是搞教育的地方，那教育的责任就理所当然是学校的

个别家长没有意识到家庭是孩子人生的第一所学校，没有意识到作为家长，自己才是孩子的启蒙老师。

2. 只要孩子在学校吃得好、住得好、学得好，其他方面肯定也错不了

在教育孩子的过程中，关注文化素质的多，关注道德素质的少；关注身体素质的多，关注心理素质的少；注重结果的多，注重过程的少；注重物质投入的多，注重情感投入的少；期望过高的多，注重实际的少。这样往往容易忽视孩子心灵的成长和正确价值观的塑造。

下面就是值得我们深深反思的例子。

案例1　沉默的A同学

开学一个月，A同学已经第三次无故请假缺课了。给他妈妈打电话，那边也只是支支吾吾，说不出原因。后来，A同学返校，我找到他想问问个中理由，但我越是问，他越是把头埋得更深，我也只好遵循"无判断介入"原则了。所谓"无判断介入"，就是在处理学生问题时，不急于对事实做出

主观判断，而是以心理咨询的态度，设身处地地站在学生的立场，理解学生的内心感受，教师要表现出对学生的积极关注，相信他们具有进步、向上的良好愿望，感受他们的情绪，接纳学生与自己不同的观点，并让学生知道老师是理解他们的。可最终的结果仍然是：不说话。

　　第二天下午上课前，我来班里突然发现A同学又没有到校。我赶紧给家长打电话，结果得到的回应是：孩子睡午觉睡过头了，下午不想来了。A同学平时考试成绩属于中等偏上，按理说不至于有这种厌学的表现，我觉得其中肯定有问题。正待我继续深究的时候，电话那头传来一声吼："谁让你给我班主任打电话来着？！"他妈妈急忙支支吾吾地挂了电话。晚上，我再次拨通了这个学生妈妈的电话，我告诉她："如果不信任我的话，我是没办法帮助孩子的。"后来，她很难为情地说出了真相。原来，在家里A同学和他爸爸是形同陌路的两个人，爸爸出身行伍，脾气暴躁，孩子犯了错，动不动就会暴跳如雷，有一次，因为儿子不给开门、不想说话，竟然将房门砸碎。从此，父子二人貌合神离，儿子心中是非常害怕爸爸的，慢慢造成他对任何人都不信任，对软弱的妈妈竟然模仿爸爸粗鲁的口气说话。

　　听完这些，我才意识到问题的严重性。我觉得问题的关键在爸爸身上，于是在不久后的一天，我将孩子的两个家长都约到了办公室。我把A同学最近在学校的表现跟他们介绍清楚，我发现爸爸的眼里闪着泪花。爸爸坦言：自己并不知道作为父亲对孩子的影响原来这么巨大，太惭愧了。过了大约一个月，我接到孩子妈妈的来电，她告诉我，孩子爸爸在家里跟变了一个人一样，不再夜不归宿，不再喝大酒，不再发火，对家人也好了很多……晚自习时，佯装询问最近的学习表现，我找来A同学，交谈中他终于恢复了阳光的笑容，自习结束后还主动承担了晚自习班级关窗户的任务。后来我发现，A同学正在悄然发生着变化：经常来办公室拖地、打水，经常帮助其他课代表去印刷厂搬学案……

案例2　忧郁的B同学

班里有一位B同学，是一位刚刚转入大学先修班的同学。该同学在高一时成绩突出，品质优良，深受老师们喜爱。可是进入新班级后，B同学明显表现出对新班级的不适应，成绩也是接二连三下滑。于是，他在两个星期后就跟我提出换班的想法。对此，我非常生气，心想：进入大学先修班是多么荣耀的一件事，怎么到了你这反而成坏事了？后来经过多方面了解我发现：第一，这个学生身体不好，胃动力不足，经常会因消化不良而引起腹痛腹泻乃至发烧；第二，该生在高一时优秀的学习成绩很大程度上取决于勤奋努力，进入高二后，不能及时调整学习方法，因循守旧，导致学习效率低下；第三，该同学的性格比较内向，内心脆弱，经常出现与新同学不和的场景，后期甚至出现厌学的倾向。

作为班主任，我主动找他谈心聊天，试图打开他的内心世界，但效果并不明显。后来，我就拨通了他父母的电话。电话里的父母全是惊讶，完全不相信这种事情会发生在自己家里那个乖乖男身上。在与家长的交谈中我得知，孩子的爸爸妈妈是大学老师，平时一心扑在事业上，很少和孩子谈心，更没有在意孩子潜在的情绪变化。后来，经过我的多次协商，爸爸妈妈开始回家做工作了。孩子的肠胃不好，爸爸妈妈大清早就主动起来给孩子煮粥调理肠胃；孩子不爱说话，爸爸妈妈现在就早早回家，和孩子谈心，了解孩子在学校的见闻和感受。慢慢地，孩子愿意开口说话了，诉说一些在学校令自己压抑的事。就这样，每天在孩子回到学校之前，我已经从孩子家长那里收到了第一手资料，于是我的谈话就更有针对性。现在，孩子已经越来越适应班级的新生活了。

要把孩子教育好，单靠学校和教师是不够的，只有学校和家庭、教师和家长协调一致，才能形成教育的合力，避免形成教育真空，使孩子不论在学校还是在家庭都能得到良好的教育。

二、家委会为家校合育插上翅膀

有人说班主任是这个世界上最小的主任，但却是最忙的主任。这点我承认，因为我们教育的对象是一个个活生生的人，但一味地埋头苦干也未必能得到最好的效果。因此，班主任作为新时代的管理者，一定用善于借用周围优质的教育力量。

这里就不得不提到我们的班级家委会了。首先介绍一下家委会的职责和权利：家委会是代表全体家长参与并监督班级管理的机构。班主任的学期工作计划草案要提前在前一学期结束前提交家委会讨论修改，待表决通过后，印发给每一位家长在假期中审议。家长的意见和建议以书面或电话的形式告知家委会委员，家委会在下一学期开学前召开有班主任参加的会议，一起根据家长们的意见修订学期工作计划，然后提交班主任执行。

班主任学期工作计划中较为重大的活动，家委会或其他家长们觉得有必要的，落实一个或多个委员（或别的家长）参与并监督。班主任在开展相应的活动前，必须至少提前三天通知家委会落实到的委员（或别的家长）。原则上，相应的委员或家长必须参加当次活动。

本学期，我们班级在家委会的组织下，举行了"教孩子做一顿饭"活动、"感恩父母，撸起袖子加油干"包饺子活动以及假期的"育子心经、育女心经"小论文征集活动。

有了家委会的协助，班级的文化建设更加丰富多彩了。学生们学会了课堂以外的知识和经验，学会了怎样把一个班级转化成一个班集体，更重要的是学会了与老师、家长们如何有效地沟通等。

水无常形，兵无常势，现在的学生正生活在一个知识大爆炸的年代，他们的知识比之前以往的任何时期都丰富，他们的思想也比以往的任何时期都成熟。这就要求每位教师都要做一个教育的有心人，善于观察学生，充分利用好各种教育方法，再给班级管理插上 "家校合作"的翅膀，那么一定能给学生不一样的愉悦体验，从而打造出阳光自信的"动车型"班级，进而培养出一个个优秀的现代化建设者。

三、家校教育要形成合力

伟大的教育家苏霍姆林斯基曾说："我们教育对象的心灵绝不是一块不毛之地，而是一片已经长着美好思想、道德萌芽的肥沃的土地。"只要我们忠于教育、热爱学生，并且善于和家庭教育相互配合，形成教育合力，就能让孩子充分享受来自老师和家长的关怀，享受教育给孩子带来的欢乐。由于家庭的千差万别，家长对子女的教育目标、成才的观念各不相同，因此家长对子女的教育理念和培养目标各不相同，而孩子的情况更是千差万别。所以，学校教育必须在家庭教育的配合下，具体分析每个孩子的实际情况，正确引导孩子成才，让孩子健康成长，成为有用之人。

沟通的魅力

试论班主任如何实现与学生的有效沟通

有效沟通，帮学生走出自我封闭的阴影

浅析班主任与学生的交流方式

每一次沟通都需要"走心"

用沟通创建和谐班级

我与学生的"话聊"

试论班主任如何实现与学生的有效沟通

青岛市即墨区区北中学　董成章

班主任工作的出发点是能为学生创造良好的学习氛围，但"教"与"学"却是一对矛盾体。尤其在面对社会价值多元化的时代，青少年青春期的叛逆被心理学家称为"心理断乳期"和"疾风怒涛期"，他们随着生理的变化，心理平衡被打乱，其思想、情绪表现不稳定，既敏感好奇、憧憬未来，又感情脆弱、容易消沉；同时孩童般的坦率少了，不肯轻易向人敞开心扉，内心深处潜藏着被尊重、信任和理解的愿望，常处在自我矛盾之中。如何引导好学生树立正确的价值观和世界观，我认为良好的沟通至关重要。虽然班主任与学生朝夕相处，但能及时了解学生的思想状况吗？也许，你曾多次找学生谈话，问"最近思想状况怎样""你对班主任工作有什么意见"等，结果学生的回答和你的问题一样空洞，效果可想而知。和学生进行一次卓有成效的谈话，既可以了解其学习和思想状况，又可以消除师生之间的隔阂，增进师生之间的感情，也可以帮助学生克服情感障碍，促进班集体的建设，创建和谐班级。那么，怎样才能进行有效的沟通呢？

一、关爱、理解、信任学生

一个班的学生学习成绩有好、差之分，家庭经济有贫、富之差。一些学习成绩低下，或是家庭贫困的学生最怕班主任瞧不起自己，自卑心理时刻影响着学生的学习和成长，这样的学生更需要教师的沟通与交流。只有班主任的理解和信任，才能帮助他和其他学生一样面对学习和生活。班主任面对的是一个个处于成长阶段的孩子，他们的心灵是纯洁的，他们的理想是远大的。班主任的言行、态度会给学生留下一辈子难以忘记的印象，这就要求班主任一视同仁、平等对待。这样，班主任才有了和学生进行有效沟通的前提。

"爱是理解的别名"，要爱学生，才能教育学生。师爱可以促使学生产生巨大的动力，去自觉地、主动地沿着教师指出的方向迈出。只有当班主任给学生以真挚的爱，给学生以亲近感、信任感、期望感，学生才会对教师产生依恋仰慕的心理，才能向教师敞开内心世界，我们才能"对症下药"，收到应有的效果。因此，班主任必须在心理、身体、生活和学习等方面关心学生，用自己的爱心去感化学生，特别是留守学生、家庭困难学生。教师的关心爱护学生是能感受到的，真正做到动之以情、晓之以理，才能取信于学生，开展班级工作。唯有理解学生，才能与学生沟通。理解学生就是懂得学生心里想的，相信学生口上说的，明白学生手中干的。刚进校的中学生由于年纪小、阅历浅、经验少等，不时会出现或这或那、或多或少、或轻或重的错误言行，这些都在所难免。人的成熟要有过程。作为班主任，对学生，尤其是对后进生的错误，不能"见到风就想到雨"，不能怒不可遏、动辄训斥，更不能体罚或变相体罚，而是要用一颗宽容而仁慈的心去接纳他们成长中的每一个错误，并且细致地、不懈地帮助学生改正错误。苏霍姆林斯基说过："有时宽容引起的道德震动比惩罚更强烈。"理解是宽容的体现，是心与心的碰撞，能避免疏远、对立，化解矛盾，像黏合剂一样，将师生之心紧紧地连在一起。

信任是开启心扉的钥匙。信任可解释为"信而任之"。首先，教师以坦诚的态度对待全体学生，一视同仁、不偏不倚，让学生感觉到教师是可以信任、可以交心的。同时，要相信学生有独立处理事情的能力，尽可能支持他们，尤其在他们遇到困难、失败的时候，教师应鼓励、安慰他们，帮助他们分析事理、明辨是非、正确处理。作为班主任，一方面我们要尽量多地教学生一些基本生活技能和做人的常识，同时，也应该大胆地信任学生，充分调动他们的积极性与创造性，给他们为自己做事、做主的机会。唯有用这把信任的金钥匙，班主任才能成功地开启学生的心灵之窗。这样既锻炼了学生的能力，又让学生在实践中成长，让学生得到快乐。

二、尊重、善待每一个学生

教师应尊重学生，把学生当作一个有独立人格的人来对待，承认学生的价值，相信其发展潜力。学生受到尊重，才能获得一种自我价值感，才能积极主动地向教师靠近，尊重教师。尊重学生的人格和个性，会使师生生活在一种相互理解、尊重、关怀、信任的和谐气氛之中，从而真正体验到做人的幸福感与自豪感，提高工作和学习效率。班主任尊重学生，真心真意地看待每一个学生，不但要尊重学生的主体地位，发挥学生的主体作用，而且要能将心比心地换位思考，设身处地地为其着想，推心置腹地教诲，还要用自己的快乐情绪，快速地感染班级中的学生，调控好学生情绪变化，达到师生心灵与情感的沟通，产生共鸣。因此，班主任应始终保持饱满的精神和良好的心境，与学生接触时要和蔼慈祥，甚至弯下腰来倾听学生的谈话，处处体现出班主任对学生的尊重与关怀。

通过学校和老师的教育，学生见到老师礼貌地问好，老师来不及回答时可以给学生一个微笑，学生心领神会，师生关系更融洽。学生遇到困难、挫折，教师给一个微笑，鼓励学生面对挫折，迎难而上。微笑可以拉近师生之间的距离，师生关系和谐发展，能收到意想不到的效果。绝大多数班主任是任课教师，班主任通过课堂教学与学生交流、沟通是很好的途径之一。课堂教学中，教师精彩的语言、严密的逻辑、渊博的知识以及对待科学知识认真严谨的态度感染着学生，师生之间在传递知识信息的同时进行着心灵与思想的沟通。学生通过课堂更加清楚地领略到班主任的才华与魅力，进而更加信任和敬佩班主任，为班主任与学生的进一步沟通交流打下了心理基础。每个学生都渴望与班主任沟通，都渴望在与班主任的沟通中获取知识。

三、参与学生活动，拉近师生距离

我们经常会看到，一些喜欢参与学生活动的教师容易和学生打成一片。因为班主任在参与学生活动过程中，和学生不断进行着交流与沟通。学生觉得班主任跟他们有着共同的兴趣和爱好，他们就会更加信任班主任，甚至把班主任当作自己的知心朋友。这样，学生愿意将学习、生活中的困惑倾诉给班主任，渴望在与班主任的沟通中找到安慰，获得自信。班主任走进学生的生活，拉近了与学生的距离，通过一点一滴的生活细节培养了浓厚的师生感情，最终达到"亲其师而信其道"的教育目的。

四、耐心倾听，正确引导，提高沟通时效

教师的一句话，有时能够影响一个孩子的一生。因此，作为与学生关系最为密切的老师——班主任就更应该注意自己的一言一行，尤其是和学生谈心的时候，应该尽量谨慎地使用语言。班主任站在管理者和教育者的角度和学生谈心，很容易把学生推向被管理者和受教育者的对立面。无形之间就筑起了一道沟通的"高墙"，再好的道理学生也听不进去。平易近人这个词，说起来很容易，可是做起来却很难。难就难在许多班主任难以放下自己被传统"架"起来的架子，维护着所谓的"尊严"，把自己的角色神圣化，让自己去扮演说一不二的"神"，而忽略了自己作为一个人的本质。

事实上，找学生谈心时，学生往往开始时并不注意教师讲的道理，而是看教师对自己的态度。因此，班主任既要把谈心看作心理沟通的过程，更要把谈心看作感情交流的过程。谈心不是教师单方面的说教，而是为了达到教育目的和学生的一种互动。谈心要交流思想，但首先要交流感情，

只有在相互平等、相互尊重的基础上，才能建立良好的谈心氛围，才能谈得拢、谈得好。一些班主任在与学生谈心时，更多的是谈话而不注重交流。具体表现为交谈过程中没有耐心也没有意愿去倾听学生的想法，即便"听"了，也是在冷漠地听、批判地听，更多时候是没等学生说完，就劈头盖脸地批评责备，表达自己"恨铁不成钢"的失望心情。即使学生表达了希望同教师交流的愿望，也得不到教师的重视，往往被教师的随意插话和主观评判所打断。这样，谈心的效果自然会打上大大的折扣。班主任与学生沟通时，只有耐心倾听，才能听到学生的真心话，才能更加全面地了解学生。即使学生犯了错误，也要认真倾听学生对犯错的解释，班主任在学生的言谈中分析犯错的原因，引导学生逐步认识错误，进而改正错误。相反地，打断学生的话题，不停地埋怨学生、批评学生，只能疏远师生情感，使学生产生抵触情绪。所以，班主任给学生谈心时应多提问题，鼓励学生讲话，寻找时机引导他们主动地剖析自我，承担责任。去年3月，我班有位同学上网成瘾，不听家长劝阻，经常为要钱和家长吵架。我找他谈话时，先不谈上网的事，反而热心询问他父母的工作情况，引导他意识到父母的辛苦；紧接着聊起他父母的身体状况，慢慢地，说到他母亲近期有病而他却丝毫不知情时，他已控制不住情绪，号啕大哭起来；此时，水到渠成、顺水推舟，我又询问他最近的学习情况，他彻底地交代最近迷恋于网吧，严重影响学习。通过这次交流，这位同学认识到错误，改变了错误行为，既能安心学习，又能尊敬家长。

五、借助非语言表达方式

教师的非语言表达能在无形中传递丰富的内蕴。教师说话的音调、音量与节奏的变化，会吸引学生的注意力；师生视线的接触，有时也能达到以目传情、以目传意的目的；教师的面部表情、手势、体态等，也可以给学生以感染和教育，可以集中学生的注意力，增强教育教学的效果，加深学生对教学内容的理解，达到师生沟通的目的。班级管理过程中，班主任要善于发现学生在学习方面和思想表现方面的闪光点或是微小的进步。每当此时，班主任要及时竖起大拇指，予以表扬和鼓励，学生自然会读懂班主任的心。这也是一种很好的沟通技巧。眼睛是心灵的窗户。每当学生有进步时，班主任以亲切的眼神给学生以肯定和鼓励，学生就会尝到成功的喜悦。通过"眼神"与学生进行心灵的沟通，达到师生情感和谐与心灵共鸣，可取得意想不到的教育效果。眼睛是心灵的窗户，而眼神则是眼睛的语言。"用眼神来说话"便是一种很好的沟通，是一种较高层次的、通过"心灵交流"获得师生间的情感和谐与心灵共鸣从而获得最佳教育效果的方式。一个成功的班主任，应善于运用"眼神"与学生进行情感的交流、信息的传递与行为的暗示，从而给学生以肯定和鼓励，培养他们的自律意识。每当跨进教室，班主任都可以习惯地对全班同学亲切的一瞥。在这一瞥中，班主任的目光与几十双目光一一相对：有的目光与教师的目光碰撞时，熠熠闪光，流露出的是饱满的精神，班主任则可以报以赞许的目光；有的目光飘忽不定、左右顾盼，班主任的目光则可以多停留片刻，提醒学生集中注意力——否定中更多的是鼓励；有的目光则是躲避、低头，这样的学生必有心虚的一面，班主任可以双眉稍皱，目光严肃中又有宽容；而有的眼睛双目无神、似梦似醒，班主任就可以投去"警示"的目光。这仅仅是课前的"全方位"扫视，但在这扫视当中，班主任已经大体了解了全班学生的精神面貌。然而更重要的是在与学生的相处当中，班主任要善于用敏锐的目光，关注一些后进生、一些特殊学生；用眼发现他们的毛病、缺点，及时指出、批评；或发现他们的闪光点，适时表扬、鼓励。

综上可见，技巧、方法重要，但最主要的是教师要有一颗爱学生的心。学生的心是容易靠近的，只要我们班主任肯多用心，多下功夫，他们的那扇秘密之窗就会向你开启。只有跨越沟通这座桥，班主任与学生之间的距离才会缩短，信任的关系才能建立，班级工作才能有序进行，学生才能健康成长。班主任与学生沟通的技巧有很多，不管用哪种技巧沟通，都需要班主任真心付出，以情动人，以理服人。让我们以最真诚、最善良的心去理解学生、关爱学生，相信学生、尊重学生、微笑着面对学生，学生会把全部的爱心和敬意奉献给我们，从情感上深深体会到班主任是可敬可亲的，既是学业上的导师，又是生活中的父母，更是个人成长中的朋友。学生的心也定会融化在师爱中，在学习生活中找到快乐，愉快地接受教育，我们的班主任工作也会开展得生动活泼、扎实有效。

参考文献：

［1］黄雪珍.班主任与学生沟通的策略［J］.广东教育（教研版），2008（6）.

［2］程广军.关于班主任与学生沟通的策略［J］.才智，2008（6）.

［3］徐海洋.班主任沟通艺术探微［J］.才智，2010（18）.

［4］都凤梅.让师爱叩开学生的心扉［J］.河南职业技术学院学报（职业教育版），2008（6）.

有效沟通，帮学生走出自我封闭的阴影

青岛市盲校　李　霞

　　那一年的高一新生中，有这样一位学生：他在家长的陪同下来到我面前，斜着身子站着，面无表情，一言不发，不断揉搓着自己的两只手，任由他的父亲和我交流，好像这里发生的一切事情都与他无关。我主动同他打招呼，和他说话，可是他却依然继续着自己的小动作，我的所有问题他基本都用一个"嗯"字回答。这个孩子留给我的第一印象就是随便又不礼貌，感觉他在与人交流上存在很大的问题。

　　等他们把宿舍安顿好之后，我就约他父亲交谈，了解这个孩子的情况。从他父亲口中我了解到，他原本是一个视力正常的孩子，性格活泼，爱说爱笑，喜欢运动。可是在一次打篮球的时候，不慎撞到眼睛，导致失明。一下子，这个孩子不仅眼前失去了太阳，心中也没有了阳光，脸上的笑容也不见了，整天沉默寡言，不愿与人交流。进了当地盲校后，发生了一件让他更加封闭的事情。他是一个非常认真的学生，遵守学校的纪律，严格按老师的要求做事。可同宿舍有一位同学不是很自觉，总是偷偷做一些与学校老师要求相悖的事情，他就感觉很气愤，警告那位同学，如果还偷偷犯错，就报告老师。但那位同学置之不理，依然我行我素，他就把这个学生的错误行为一五一十报告了老师。这个受到批评的学生，把他当作叛徒，联合其他同学，孤立他、打击他，使他几乎失去了同宿舍的每一个朋友，只能自己独来独往，结果就变得更孤独、更封闭了。

　　了解了事情的原委后，如何帮他走出封闭的阴影，成为我接手新班级后的第一项任务。

高一入校后，我们进行了一周的军训，新生都积极表现自己。可由于后天失明的原因，再加上性格内向、做事被动，他学什么动作都很慢，常常刚学会了这个动作却又忘记了上一个动作；在做每一个动作之前，他都要想一想，等他想明白了，别人已经进行下一个动作了。这样慢上加慢，使他在整个军训队伍中极不和谐，教官常常要停下正在进行的动作来纠正他，军训的进程因为他进展缓慢，同学们对他意见很大。休息时，教官单独为他讲述动作要领，而他常常不正面对着教官，又不及时与教官沟通交流，让教官误以为他不礼貌、不认真。针对这种情况，我先及时与教官交流，让他了解到这个学生特殊的情况和需求。然后在傍晚找到几个比较活泼外向的孩子，让他们主动与他交流，耐心帮助他，尽一切可能先满足他的要求。同学们都非常热情，答应我一定帮他完成军训任务。就这样，军训工作圆满结束了，这个孩子也顺利通过了这一关。

考验一个接着一个，接下来是全校的广播操展演。时间紧、任务重，全体学生必须在规定的时间内学会广播操。刚开始的预备动作就把这个孩子难住了，他对动作的解释听不明白，动作常常做反，别的同学已经学会了后面的几节操，他还在琢磨预备动作，这对他的自信心是极大的打击。由于他不善交往，不会主动向同学请教，便晚上着急地给我打电话，说要学做操。我利用这个机会，先表扬他极其认真的态度，又告诉他现在是晚上，我不在学校，让他尝试问一问其他同学，并且肯定地告诉他，所有人都一定会非常热情地教给他，最后他答应了。可第二天一早，我去问他，他竟然告诉我，没有请教同学。问他为什么，他竟然说不知道怎么说。我慢慢和他交流，他告诉我，他很想和同学交往，就是不会，问我怎么办。我说了很多主动和同学交往的方法，他说家长和老师都教过他，但是他不会，做不到。针对这种情况，我特别安排了两个学生，轮流教他做操。又安排班里几个喜欢说话的孩子，每天不管有事没事，都主动去找他说几句话，不管他是否愿意回答，都要慢慢帮助他说话，还不能让他知道这是老师特别安排的。我班的班长特别热心，还为他多次咨询心理教师，希望能找到方法帮助他。我建议班长尝试着接近他，和他做朋友，让他信任班长，在班长的引领下，去心理医生那里咨询，慢慢解开心结。

我平时也对这个学生格外留心、用心。我发现他虽然反应慢，但是对班主任的言行非常敏感。有时候他在走廊上走着，听到我的脚步声或说话声，就会停下来。有时候我喊另一个同学，他也会偷偷跟过来，躲在一边偷听。他的内心非常敏感，渴望和别人交流但又不知如何交流。心理老师告诉我，这个学生去过心理咨询室，因为他在网上查到些有关抑郁症的资料，越看越觉得和自己的症状相似，还看到了抑郁症的各种后果，越看越怕，有些担心老师和同学对他有意见有看法。

有一天下班后，我在办公室没有走，他推开门进来，并没有走到我跟前，而是站在门边突然说："老师，我入学有段时间了，你给我个评价。"我先是高兴地站起来，然后慢慢把他领到我座位前，再告诉他我坐在办公室最里面，你应该走到我跟前来和我说话，离得太远，交流不方便，同时会让人感觉不礼貌。问他是否愿意重新试一次，推开门走到我跟前。当他再一次来到我面前时，我表扬了他入校以来在军训和广播操展演中的优秀表现，表扬了他平时的认真态度。我能看出来，一丝不易察觉的笑意掠过了他的脸。后来，我差不多每周都找个机会表扬他一下，给他一颗定心丸。

一年过去了，现在同学们都对他非常热情，他也在慢慢融入集体中。但是我深感解决他的问题不是一朝一夕，我正和班里的同学们一起，用我们的爱心，用有效的沟通，希望能帮他走出自我封闭的阴影，早日快乐地生活。

浅析班主任与学生的交流方式

青岛市即墨区区北中学　董成章

教育部所颁发的《中小学班主任工作规定》第二章选聘班主任条件中提到，班主任要"热爱学生，善于与学生、家长及其任课教师沟通"，第三章《职责与任务》中明确提出，班主任要"采取多种方式与学生沟通，有针对性地进行思想道德教育，促进学生德智体美全面发展"。可见，班主任必须具有较强的沟通能力，沟通能力是班主任最基本的职业能力，也是班主任的核心能力。

担任班主任十多年来，我深深体会到班主任与学生之间的沟通交流是一项细致且极具艺术性的长期工作，要达到最佳的效果，必须讲究一定的方式和方法。我经常以下面几种方式与学生沟通交流。

一、直接交流方式

1. 班会课

根据学校部署，结合班级实际情况，在一定时间内针对班级大多数学生普遍存在的思想与心理等方面问题进行有针对性的辅导，或者对发生的个例加以强调，引起学生注意，可以注意师生间的互动。比如"开学第一课"以及感恩教育、诚信教育、安全教育、学法指导等主题班会，效果很好。

2. 面对面几人交流

就某一个或几个问题与学生进行深入交流，了解学生现状、心声，对某些问题做出判断、了解，为以后的工作打好基础。一般会以一个宿舍为单位，或课代表、班干部、学优生、学困生等小范围交流了解，有对比，找差距，树典型，促进步。

3.单独谈话

在思想上和学习生活中存在问题（或不宜公开）时，对个别学生进行耐心细致的辅导交流。在个别交流前，一定要对学生各方面进行了解，并建立好师生谈话交流记录表，在交流过程中，注意自己的言行举止，让学生感受到交流是平等的、可信任的。

4.网络的应用

每学年都让学生建立QQ群、微信群，让学生通过网络，敞开心扉，发表自己真实的想法与感受，班主任可以不受地点、时间限制了解情况。我也经常发一些励志的言语、文章激励学生。借助虚拟环境，了解疏导学生的思想，与学生进行各方面交流，不受时空局限，快捷有效。

二、间接交流方式

1.软文化：班级文化氛围建设

从多方面为学生制造积极暗示的条件，如一句口号、一条规则、一面墙报、一个读书角等，不用多讲，就可以让学生感受到老师对他们的期待、关心，这会成为他们进步的动力。例如，班级墙壁上张贴的"净、静、精、竞"，让学生一入教室就要保持卫生干净，环境安静，精神抖擞，团结竞争。

2.传声筒：家长及任课教师的辅助作用

通过与学生家长和任课老师沟通，借助于他们之间的信任关系，委托他们与学生进行交流，进而影响学生的思想和行为。家长开放日让家长到校体验学生一天的高中学习生活是我校的一大特色，家长与学生一起听课，一起跑操，共同到餐厅就餐，参观校园、宿舍，参与访谈问卷等一系列活动，拉近了家长与学生、老师间的距离。

3.多样化：书写的魅力

班主任通过书签、写信、班级情况记录反馈表、留言板等多种方式，了解学生存在的问题，依据分析写出对学生存在问题的看法或建议来指导学生；学生也可以写出自己的想法，形成师生间的双向交流，达到思想、行动上的一致。

4.现代化：多媒体的使用

借助网络视频或其他信息源，组织学生观看学习一些优秀节目，比如《开讲了》《朗读者》《见字如面》《中国诗词大会》等；进行交流或讨论，写心得体会，形成互动，在观看或交流过程中完成对学生的教育。

综上所述，高中生在心理上、思想上逐渐独立、成熟，他们渴望得到别人的尊重、认可。作为班主任，在与学生交流时，要以平等、真诚、关爱、信任为基础，主动、认真地倾听学生的想法，只有实现心灵的沟通，才能获得有效的沟通效果，从而达到解决问题的目的，促进学生管理工作效率的提升。

每一次沟通都需要"走心"

青岛第五十八中学　范振成

在学生的心里，我是一位不怎么严肃、经常笑的老师。也许就是因为性格的原因，我与学生走得很近，聊天的内容也千奇百怪。聊着聊着，在不知不觉中，对教师这一份职业，有了不一样的体会与认识。

我一直在思考一个问题：应该以怎样的方式与学生谈心交流。刚毕业不久，我就被委以重任，成为班主任，谈话似乎变成了家常便饭。我本身并不善于言谈，是典型的理科男，思维逻辑偏向于理性地解决问题，不太会哄人，这让我与班里女生的相处并不是那么和谐，因为有时候不会体谅她们的心情。但是，这也不影响与学生们的交流，有时候，要让学生感受到的，就是那一颗善良的心和对他们的期待，让他们感受到，和他们的每一次谈话，都是"走心"的。

执教一年多，有了些许心得体会，虽不能说和每个学生都成了朋友，却有那么几个得意门生，个个都有独特的性格。

A同学。在第一次与学生的见面会上，她主动请缨建立班级QQ群，也成为群主。还以为她会很顺利地成为班长，管理班级事务，可是在军训前的暑假，她出了点小事故，出去玩时不小心生病了，之后，随着联系的增多，我们变得熟悉起来。她有什么学习和生活中的烦恼和困难，都会和我及时沟通。有时候，有效沟通，不是要说很多的话，只是需要给学生一个诉说的机会和几句温暖、鼓励的话，就会让其找到前进的动力。

B同学，我的班长，一直很认真负责。因为成绩一直不是特别突出，她的妈妈也不想让她当班长，有一次，直接给我发消息说，可不可以把孩子的班长职务让出去。但B同学一直坚持了下来，虽说也没教给她多少关于当班长的窍门，却在平常和她在班级工作中配合很愉快。她一心扑在学习上，在高二第一次月考中，考得非常好，级部第16名。有时候，有效的沟通，只是因为与学生熟悉，因为她对你的信任。

C同学，我的课代表，不认识他的时候没有什么特别的印象，直到通过层层竞选，成了我的课代表，每次收作业都很认真，每天要问我好几道题，有个这么喜欢问问题的学生，有时候真的是一种"折磨"，不过也是一种幸福，问得你哑口无言，又想着必须给他解决，要不他得瞧不起我了。不知从何时起，有几次见面，他都会带着一些化学试剂来见我，氯化铁溶液，还有小瓶二氧化氮气体，每次都会带来不一样的惊喜。教师节时，他送了我一张卡片，上面写的是："谢谢范老师，在我最困难的时候能够帮助我，班主任有时也会批评我，只有您经常安慰我，不厌其烦地听我说那些话。"有时候，有效沟通，需要的是一分耐心，那份不厌其烦的耐心。

与学生的有效沟通，是需要"走心"的，用一颗真诚的心来对待学生，用最善良的那一面来对待学生，他们会感受得到。也是在不知不觉中，我渐渐发现，我和孩子们聊的事情很多，给他们的指导也很多，他们的进步也很多。

用沟通创建和谐班级

青岛第五十八中学　褚　佩

　　如果老师喜欢某些学生，对他们抱有较高的期望，给他们设定较高的学习目标，并经常对他们进行鼓励、关注与更多的个别辅导，这些学生将会以较积极的态度对待学习，将会更加自信、自强，将会更加努力、更加勤奋，最后一般都会取得老师所期望的显著的提高与进步。这实际上是老师对学生的激励作用。有些人适合精神奖励，激励其不断进步；有些人适合物质奖励，比如学习成绩突出、进步较为明显、为班级做出突出贡献的同学，应该得到一些小礼物作为奖励。每一个人的梦想都应该被尊重，每一个人的努力都应该被肯定。重要的不是奖励多么丰厚，而是在于他们学习、工作付出的努力、取得的成绩得到了最好的肯定，借以激励他们更刻苦地学习。鼓励与奖励本身就是一种沟通交流，前者是一种老师对学生的认可与赞扬，后者学生更加刻苦地努力学习则是学生本能的反应与回应。

　　教育应触动学生的内心深处，要对学生多动之以"情"。面对一个个学生，他们成熟中却带着稚嫩，叛逆中却带着感恩，所以对他们一味说教和用制度管理已经不起作用了，怎么办？

　　有这样一件事对我触动很大。班里有位学生A比较自卑，认为初中学习差，中考成绩又一般，很不自信。她数学课听课特别认真，下课积极问问题，可是每次测验，成绩还是那样。有一次跟数学老师交流起来谈到她，数学老师非常开心地说："这孩子很刻苦，我做她导师吧！"每一次老师在我面前表扬她，我都会告诉她。分享这份喜悦的同时，看到她脸上洋溢着开心的笑容，我真切感受到学生多么需要激励，哪怕一句话都很有效果。

"全员导师制"不仅仅是个口号，更是种教育者的情怀，是师生间的真诚交流与沟通。

B同学，个头小但很聪明，凡事都很高效，属于冲动型的孩子，不像沉思型孩子那样稳重，知识并不是不会，只是用错了方法，平时的做题习惯不好。有一次我把他叫到办公室，促膝长谈一番才得知他从小就这样，上课一听就会，课下也不需要多刻苦就能学得差不多，还能顺利考上重点高中，而且这种习惯到了高中依然好用。直到最近的一次考试大吃苦头，没有完全理解题意就急忙写下了答案，成绩很难看，对他触动很大。我首先肯定了他所取得的成绩：机器人大赛山东省一等奖，还参加了化学奥赛，编程、计算机方面优势明显；同时告诫他，既然比别人聪明，那就更需要努力证明自己，而不是靠耍"小聪明"沾沾自喜，目光短浅。B同学听此话后很赞同，开始发奋学习，这一次成功挤进年级前100名。良好的沟通可以起到事半功倍的效果。类似B同学的这些学生特别适合参加一些竞赛，在学校大力推行素质教育的今天，更需要这种专才、偏才、怪才，这样做对于学生成长、成才以及树立信心尤为重要。

C同学，热心班级事务，设计班徽、班旗、班训、标语，还主动要求去主持运动会。只要有一技之长，我会鼓励学生积极参加。经历了短暂的接触和了解后，我任命她担任班长，大事小事只要交给她，她都会处理得非常好，比如安全教育主题班会、家长会班级工作汇报、期中总结表彰班会都完成得非常出色。选择一位得力的班长，培养好，可以让班主任解脱出来处理更多的事情，这需要班主任的智慧。但是不久前刚发生的一件事情，让我开始反思。她与班级团支书关系不好，跑操时发生点口角，结果回到宿舍，两人就在宿舍打闹，一发不可收。我私下了解情况后，把她们分别叫到办公室，仔细倾听了这位女班长的心声，然后我说："作为班长，自己的所作所为直接影响班级稳定以及在同学们心中的形象，冲动百害无一利，大打出手更不能忍受，要道歉以求对方谅解，保证不再犯这种低级错误。"我们的团支书工作认真负责，把班级活动搞得井然有序，取得很大提升。但是作为班级骨干力量，不应该做出这样的事，我也单独把她叫到办公室，倾听了她的心里话，得知她们之间相互看不惯对方的所作所为，几件事情后，终于忍不住才这样的。鉴于这样的情况，我把她们叫到一起，让她们把自己的心里话以及不满全部说出来，大家一起敞开心扉，确实发现了自己的很多不足。我在听的时候观察了双方的表情，她们都默默地低下了头，既然大家之前工作做得不好，那么相互理解对方的工作，缓和同学间的关系，稳定情绪，一定会促进班级和谐。在我的努力下，双方握手言和，而且后来关系开始好转。虽是一件小事，但打闹没有小事，如果听之任之，一定会酿成大祸，到不可挽回的地步可能影响孩子一生。家长会的时候，我把情况也跟孩子父母交流了，争取他们的理解，对孩子的批评教育也是帮助孩子们尽快长大，树立正确的价值观，学会包容、学会合作，而不是单打独斗，双方家长很认同、很理解，也很支持我这样做。

有位老班主任曾经告诉我说："在家长面前，你就是专家。"这一句话既是对老师的鼓励，增强自信，也让家长更坚定地信任老师，放心地把孩子交给学校，更好地开展家校合作。每当家长问起孩子学习方法问题时，说得最多的一句话就是：听老师的！

优秀的团队需要爱拼的精神，更需要团结协作。我一直在培养学生的集体意识，肯定学生的每分收获，鼓励学生的每一点进步。老师们对学生的每一次表扬我都会在合适的时间告诉学生，让学生一起分享取得成绩、获得认可后的喜悦。而班级的每一位同学都特别认可，认可我们取得的成绩，这是全体同学共同努力的结果。这与师生间良好的沟通交流密切相关。

D同学，一位成绩尚可但是心理存在障碍的男同学，从高一到高二，在上课时发出怪异声音或者吃零食被抓到现行被叫到办公室后，每次都一言不发，我苦口婆心但他总是油盐不进，搞得我无从下手。终于，我再一次抓到他课上看日本著名作家村上春树的小说，收起来，他发疯似的不给我，我把他带到办公室，他死活要把小说要回去："为什么不能看书？看小说也是学习。"我把他父母叫过来一起探讨孩子成长的问题，在他父母到来前，他跟我探讨了这位名作家村上春树的励志故事和书中的情节，我认真听后却发觉孩子的世界是那么天真。我先肯定了他喜欢看书的习惯以及他内心的善良，但我也给他分析，错误的时间、地点看小说的危害性。后来，我跟他父母和他本人终于达成一致，小说可以看，但是要限时间，平时放我这里，语文阅读课才可以看，这样既有动力，又能够管住自己不好的习惯。从这件事情可以看出，良好的沟通的确很重要，缺乏沟通，很多处于叛逆期的中学生根本不能理解父母、老师的良苦用心；真诚沟通，才能找到根源，使一些情感问题、违纪问题得到根本纠正。

每个人都希望别人微笑着去面对你，学生也不例外。无论你遇到的事情有多糟糕，请始终保持微笑，这远比抱怨、生气和发怒更有效。只要我们有高度的责任心、上进心和使命感，对学生多一分宽容和理解，善待每一位学生，欣赏每一位学生，多对问题学生使用一些善意的"计谋"，相信学生未来的成功，就在我们无私的奉献与关爱之中。

每一个学生都很重要，不放弃，这是做教育者应该有的态度，更是一种责任。

我与学生的"话聊"

青岛第五十八中学　商文杰

教育从来不是尽力而为，而是对每个学生都全力以赴。

——题记

从教第二年，正是有心也有力的时候，所以会经常和学生聊天，疑惑时、难过时、开心时，学生都会来找我；教室里、办公室里、操场上，都有我与学生聊天的身影，学生将这种沟通称为与我的"话聊"。"话聊"的时间可长可短，但每一次我都会全力以赴，力求每一次都有些许效果。我与学生的"话聊"大体有以下三种。

第一，班会课上的话聊。我基本上一个月召开一次定期班会，班会的主题范围很广，但在我看来最重要的是与学生一起树立正确的价值观。比如我们开过一次"为了那些忘却的纪念——为新中国成立而浴血奋斗的人们"的主题班会，我们先播放了一段视频，然后一起来谈心中的英雄，那些为了新中国浴血奋斗的人们，越谈越多，越谈越激动。班会的最后，很多同学都是哭着在讲那些忘却的纪念。除了定期班会，当班里遇到问题的时候，我也会抽出自习课最后的20分钟，跟同学们"话聊"：前些天，班委向我反映班级的火药味很浓，比如拉窗帘、开灯都会引发一些同学们的争执，在自习课最后的20分钟，我们来分享一下自己的看法——我们应该成为什么样的人，我们应该如何处理同学之间的关系。我举了复旦的黄洋案、云大的马加爵案的例子，讨论我们应该成为什么样的人，又该如何处理同学间的关系。学生们愿意去听，愿意分享自己的意见，也愿意去改正自己的问题。这是我与学生的"话聊"，这种话聊要有合适的情境，也要有一种分享的感觉，不是去命令，不是去强制，而是一种自然而然的讨论，最重要的是与学生一起树立正确的价值观，因为一切胜利都是价值观的胜利。

第二，生日寄语是我的第二种"话聊"方式。在班级刚成立的时候，我进行的第一件事就是统计所有同学的生日，并做成表格，将其打印出来，贴在我的办公桌上，在出差和旅游的时候，我都会买一些纪念意义的明信片，加盖印章，在学生生日的时候写上寄语寄给学生，这份寄语不仅是给过生日的学生的，也是给所有同学的，我们会一起唱生日歌，也会念寄语，还会再发挥一下，谈一下想与学生交流的事情。一年后，学生写给我的纸条里说印象最深的事情依旧是贺卡上的那几句话。用"话聊"感动学生，我愿意做学生前行路上的一点点星光。

第三，做学生最信任的人。学生出现问题会约谈我，我发现学生问题也会约谈学生，成为学生最信任的人。最值得一提的是与××同学的"话聊"。××同学入学时是年级后20名，敏感又有一些自卑，跟不上学校的课程，经常会偷偷哭泣。我找到了她，在办公室里泡上茶准备与她长谈，但是她一坐下就哭了，哭得很伤心也很压抑。我没有一味地安慰，在她不哭之后直接指出了她的问题。我问她是否觉得自己的努力足够，她思索了很久，决定尝试着去努力、去坚持，后来，从年级后20名走到了年级前50名。这次她主动来找我，觉得自己成绩变好之后，一切都变了，原先的朋友都觉得她是学霸便疏远了。我说没有人不把你当朋友，只是你走得太快，她们还没有跟上你的脚步。分班的时候，她写了一封长信给我："感谢曾经给我帮助的你，感谢曾经和我谈心的你，也感谢那个给我灌下一碗又一碗鸡汤的你，最感谢给我信任与机会的你。"做学生最信任的人，与学生一起成长，成为那个最好的自己，这就是我与学生的"话聊"。

一次"话聊"或许并不能彻底改变一个人，但是只要能给学生一点点力量，能给学生一点点星光，我就会坚持去做，因为教育从来不是尽力而为，我会对每个学生都全力以赴。

特别的爱给特别的你

自我的救赎

青岛第五十八中学　高登营

一、事件起因

学生小A，性格内向，不善言谈，进入高中以后的几次大型考试成绩都不理想。我找她谈话，了解其学习情况，给予指导和鼓励，收效甚微。高二时的一次课间操，同学们站好队准备跑操，由于有学生请假，有空位，临时调整队形，我要求她站外跑道，她就是不肯。因马上就开始跑步了，我就冲她喊了一嗓子，命令她过去站队。当时我也没多想，但到了下午，我回到办公室，办公桌上有一张纸条。纸条中说道："我考试成绩不理想，你怕我拖了班级后腿，多次虚情假意地找我谈话，跑操时我的腿疼，非要让我站在外道。为什么老和我过不去？你真虚伪，我已经忍你很久了。"看完后，我很气愤，感觉学生不理解自己，但静下心来想一想，看来这次事件仅仅是一个导火索，小A心里早就对我有看法了，她说我是怕拖班级后腿而找她谈话，可能是自己与她交往的方式或谈话的语气有问题，造成了学生的误解。

二、解决过程

自习课时，我把她找到办公室，向她说明情况。首先我向她道歉，说跑操时不知道她腿疼，当时情况又比较急，处理得有点急躁。再者，平时找她谈话，绝没有怕她给班级拖后腿的想法，仅仅是想帮她分析问题，促进她的学习。可小A根本听不进去我的解释，大声驳斥我的说法。我看两个人交流有了问题，就想先让她冷静冷静再说。

之后，小A在我的课堂上不认真听课，她的物理成绩一落千丈，甚至屡次不及格，总成绩落到班级的后几名（原来成绩中游偏下一点）。我又找其他任课教师了解小A上课的表现，老师们也都反映小A上课表现一般，不认真听课。找她周围的同学了解情况，同学们说，她课下学习挺拼的，但课上不认真听讲，自己忙自己的。这样过了一段时间后，我见没有好转，就把她叫到办公室，进一步了解情况。小A仍然很敌对，说"我的事不用你管，我不想见到你"，然后就一声不吭了。我只好说："孩子，你不想搭理我，可能是我某些事处理得不好，引起了你的误会，这一点我们慢慢沟通，我相信你会了解我的。但学习是你自己的事情，你可要认真对待呀，落下了就不好赶了。"之后类似的谈话又有几次也不见效果。我只好约她家长到校交流。小A妈妈到学校以后，我给她说明了事件发生的前因后果，小A妈妈说，孩子回家并没有说在学校发生的事情。我又进一步跟小A妈妈交流，了解到小A在初中时学习优秀，上高中后成绩一直不理想，回家后和家长交流很少，妈妈多问几句，她就说："你怎么和我们老师这么像，和你们没法交流。"同时也了解到小A确实最近腿一直不大好，需要休息，不能上操，但孩子一直坚持不请假，要锻炼身体。

根据对小A的观察和了解，通过和小A妈妈的交流，我认识到小A是一个曾经学习优秀、自尊心极强的孩子。上高中后成绩不理想，思想压力比较大，认为自己拖了班级后腿，也就认为老师们看不起她，所以才有了对老师的误解，上课不认真听讲。但她现在并没有放弃自己的学习，课下仍然很努力。

三、自我总结

我非常后悔那次课间操时的草率处理，让自己失去了深入了解小A、帮助小A走出困境的机会。但我没有放弃，通过与其家长交流，通过和老师们协商，我确定了如下方案：

（1）在班级生活中，多给予小A关心和支持；

（2）由任课老师多鼓励小A，并加强学习方法的指导；

（3）争取小A周围的学习伙伴的支持，给予她生活与学习上的关心和帮助；

（4）作为班主任的我，多观察，多了解，寻找良好的教育契机；

（5）争取家长的支持，消除师生之间的隔阂。

在接下来的学习生活中，与小A碰面，她不搭理我，我就冲她笑笑，或者主动和她打个招呼；作业批阅时，我会在她的作业中留下方法的指导和鼓励的话语；考试结束了，我认真分析她的成绩，并把她叫来，说明自己的看法，给予积极的指导。尽管小A还是不愿与我交流，但我愿用一切办法，去解除她心底的误会，去融化那颗因自己一时的失误而冰冻的心。看到她微笑的表情，我感到高兴；看到她课下能与同学积极交流，我感觉到欣慰；看到她的一点点提高，我雀跃不已。有的同学跟我说，老师您没必要这样虐待自己。但我自己清楚，那是我曾经的草率造成的，如果我当时问一下她不能到外跑道的原因，就不会造成师生交流的障碍，就不会有小A后期不好的表现；如果我早一点了解她初中时的优秀及好强的个性，就会早一点理解她，也不会造成她对我的误解。

孩子有些错是不能犯的，老师也是。我愿尽我一切可能来救赎我内心的惭愧，救赎作为一个教育者因自己的失误而错失的教育良机。

四、个人收获

教育中的每一个细节，特别是涉及学生自尊心的问题，教师一定要冷静仔细地面对。德育着力于宏大的主题，对于学校来说，相对容易些。但是，要将着力点放在小的行为上，教育起来难度却不小，因为这需要教师用心感悟、用心应对，这可能也是对教育无小事的另一种理解吧。

现今的学生与过去的学生有了很大的不同，这一届学生与上一届学生年龄差距不大，但心理承受能力、个体意识却有很大的不同。再者，学生的家庭成长环境、性格特点不同，过去的教育经验现在不一定能行得通。在很多时候，由于师生之间对事物认同的巨大差异，相当一部分学生对老师尤其是对班主任总是或多或少地敬而远之，师生之间相互埋怨、互相指责，师生之间的谈话常常变成教师单方面的"演说"，即使用写周记的形式，由于身份明确，学生也心有顾忌，不能畅所欲言，教师很难了解学生的真实想法，也就做不到面向学生提出有效性建议了。这在很大程度上增加了班主任管理班级的难度，使班级的管理缺乏针对性。消除教师给学生带来的心理压力，班主任在第一时间通过多渠道（家长、任课教师及班级同学）了解学生的动态，掌握与学生交往的心理技能，更多地倾听来自学生心灵深处的真实声音，才能防患于未然。

再者，尊重学生，就要学会宽容地接纳学生，深入理解学生的内心，为学生提供充分表达自己的机会和空间，在非原则问题上以大局为重，进行有效的教育。

红梅朵朵放光彩

青岛市城阳区第二十中学　秦　营

一校一品牌，一班一品牌。"红梅花儿开，朵朵放光彩"就是我们小梅花班的品牌。

有一朵小梅花A同学，他爱好体育，是学校篮球队的主力，是体育场上的风云人物，自誉为二十中"科比"，在学习上却捉襟见肘，他自己也深知"学习很重要"，但就是"不走心"。

要想"让牛喝水"，先得知道"牛"的习性。班级的读书漂流瓶活动开始好久了，我送给了他两本书，《如果你永不畏惧：我所认识的科比》和《洛杉矶凌晨四点》，要求他从书中找到科比打篮球的一些细节并进行模仿。配有大量彩图的书，对任何一个喜欢科比的人来说都是强大的吸引。第二天，眼睛红红的A同学课下和我交流了科比，他洋洋洒洒说了很多科比的比赛，并拿着篮球进行示范，我耐心地做他的听众和观众。峰回路转处引导一下他，"科比的投篮确实厉害，在关键时刻力挽狂澜并且动作优美，你能不能？"

"我？"他很诧异我会如此问他。"我……"他想了想还是没说出来。

"巨人不是天生的，需要一定的天分，但是后天的努力也很重要，小飞侠不是生来就是小飞侠的！"

"也需要练习。"

"是的。科比是怎么样赢得一场一场的比赛的？"

"老师，过几天我来找你！"很显然，昨天他真的只是挑选了科比打篮球的精彩动作和瞬间，并没有把《洛杉矶凌晨四点》中每一个比赛背后的故事读一读。也许今天、明天或是后天，他就会读到英雄背后的故事。

"你不必熬夜读书！"

"知道了！"只听其声，不见其人，他早已溜出办公室。

之后的日子里，他的桌面上贴了一张励志的便利签，对于一个学困生，能有决心学习，能够把学习放进心里，这已是进步。并且，他在思想上是有新的认识的，那次考试，他在级部的名次上升了52个名次。

家长打电话说起孩子的进步喜极而泣，我想，孩子真的成长了。

还有一朵小梅花，喜欢唱歌。喜欢唱歌的孩子内心是火热的，小梅花B同学就是其中一位。

学校合唱队选拔新的队员，我推荐B同学去竞选。她的音准、音域、音色等各方面的条件都不错，当个合唱队员绰绰有余，但她想担任领唱，这就有困难了，因为歌唱不仅要有技巧，情感也很重要。

用饱满的情感演绎一首歌确实能增色不少，怎么样才能在领唱《风雨彩虹》时情感饱满？我引导孩子把歌词当作一篇散文诗来阅读，带着孩子理解，并启发孩子谈一些对歌词的体会，写出阅读散文诗的感想体会，最后边感悟边吟唱。初步阅读——层次理解——重点感悟——体会升华——吟唱，每一个环节都要求她静心用心体会，经历这些环节后，孩子的情感饱满了很多。

静下心来，用心琢磨，就是这么简单，通过练习唱歌，让孩子自己领会，领会到不论干什么事情都需要静心、用心。将教育融于孩子的兴趣爱好中，不露痕迹，润物无声，教育效果已爆发出洪荒之力。

每个孩子都是一朵小梅花，有的喜欢和煦的阳光，有的喜欢大雪纷飞，有的喜欢冰天雪地。师者就是要根据每朵花的需求，打造其盛开的天地。如此，才能红梅朵朵放光彩。

红梅花儿开

青岛市城阳区第二十中学　秦　营

每个孩子都是一朵花，只不过花期不同。有的花，一开始就灿烂绽放；有的花，需长久陪伴和等待。无论如何我都相信，我们小梅花班的孩子都会盛开。

有那么一朵小花，总是低着头。这个孩子母亲二婚再嫁。个头一米三的她瘦小单薄，为人和气善良，小小身体里藏着一颗包裹得严严实实的心。她自己不敢尝试与同学们交往，更不会与老师谈心交流。不论是我上课巡视全班还是课下看班时，只要我们一有眼神的交流，她会马上低下头，留给我的是她额头上的刘海。

这是一朵缺乏自信的花儿，农村学校孩子缺乏自信较为普遍，特别是成绩和家庭条件不好的女孩尤甚。她们不仅仅缺乏自信，更多的是自卑。这类孩子在学习上积极性不高，遇到难题不会主动求助于老师和同学；在班级管理上更没有自己的主见，从不主动参与班级各项活动，永远做一个"被管理者"；在生活中，与人交往时也是小心翼翼，逆来顺受。

打开她的内心是让她抬头看世界的开始。家访是打开内心的第一步，家访揭开了孩子平时表现背后的神秘面纱——家庭不完整。老师无力改变一个家庭，却可以和家长联手为孩子的成长护航。家庭方面，给了她母亲一些指导，让其做好配合。在学校里，我要求她每天主动和我说三句话。一开始，她扭扭捏捏，"秦老师，早上好！""中午好，秦老师！""再见，秦老师！"这些从牙缝里挤出来的话语，到后来慢慢有了感情和力量，现在，每天下午她都举起手微笑着大声说："老师，明天见！"

有一次，街道教师节表彰优秀老师，我也是其中受表彰教师之一。街道要求给每一位受表彰的老师拍一段视频，我的一个桥段是和孩子谈心。全班46位孩子，选谁呢？孩子们都眼巴巴地看着我，透过每一双眼睛，我看到了每位孩子要上镜的内心渴求。"我要找这样的同学，这段时间她上课从沉默到积极举手回答问题，从遇到难题逃避到主动请教组长，从不与同学老师主动交流到能大声和老师说再见，我要和那些能突破自我、每天都比昨天进步一点的孩子一起上镜!"

当我宣布选她和另外两位同学时，我看到了她眼里的坚定，她的改变和进步得到了同学们的认可。她抬头看我，我知道她内心是感激的、喜悦的。她的心又距离我近了一步。

打开这个自卑柔弱的孩子的心，还要引导她向着更高目标前进。2016年的3月4日，《疯狂动物城》首映，我想带这个孩子去看电影。怎么约她呢？怎样才能显得我不刻意？怎样才能不触碰她敏感的心？

她的地理作业一直写得特别好，字体隽永，条理清晰，在完成我布置的作业后，她总是把这一节或这一章的地理知识梳理出来，用智慧树的形式画出来，也许这就是内心缜密的孩子对她所热爱的学科和老师的一种情感表达吧！

"孩子，批改你的作业简直是一种享受！你教会了我用知识树的形式来梳理地理知识，谢谢你！为了表达我的谢意，这周五放学后能和我一起回家吗？"我把一张便利贴夹在她的作业本里。读完便利贴的她利用课间朝坐班的我偷偷做了一个"OK"的手势。

提前和孩子母亲打好招呼后，周五放学后我们一起看了《疯狂动物城》，这部关于友谊和梦想的电影，给她很强的教育意义。在回家的路上，她告诉我，她长大也要做一名老师，也许她的梦想有点远，但她要坚持，她要像朱迪警官一样，为了梦想加油！

这朵小花的进步是有目共睹的，她的眼神不再逃避，她能够主动地参加班级活动，春季运动会她主动报了一分钟跳绳项目，并以一分钟跳绳155个获得初二级部冠军。我把孩子领奖的照片发给家长，家长激动地回复我说，孩子每晚写完作业就拼命练习跳绳，只为能够拿个名次，实现自己一个小小的目标。

也许这就是教育的力量，让不够自信的孩子都能抬起头来享受班级里的每寸阳光，让每个内心自卑的孩子能发自内心地感受到班级的温暖。把每朵花儿放在心上，用心观察分析每朵花儿，播撒每朵花儿所需要的阳光雨露，红梅定会花开朵朵。

娇惯王子变形记

青岛第二实验初级中学　刘明红

白白胖胖的男孩儿，很强的美术天赋，七班班徽的设计者，这应该是一个很省心的男孩。这三年来围绕着他所发生的一系列故事，令我回味无穷。

学校为半封闭管理，所以学生中午要在食堂用餐。学校对学生吃饭的要求是不剩一粒饭，不扔一粒米，但是这个学生因为从小娇生惯养，哪里吃得了这种饭。他偏爱吃海鲜，吃肉食，青菜一概不吃，看他吃饭的样子，真觉得就像是吃"毒药"般。因为这事，我和他父亲第一次通了电话，了解到的情况令我大吃一惊。他从小娇生惯养，嘴刁得可以，14元一斤的米还是16元一斤的米一吃便知。即便这样，规矩就是规矩，必须得改变他的饮食习惯。他父亲也认识到孩子必须要改变了，因为这小子一身肥肉，着实让他父亲头痛不已。胖胖的身子，什么也不会干，军训五天，别人的衣服脏了，都会洗一洗，这孩子愣是撑了五天没沾水，衣服都臭了。吃饭时，因为不对胃口，吃了五天馒头，愣是饿瘦了五六斤。基于此，我和他的家长达成共识，孩子需要改变。

改变这个"少爷"可绝非易事。每当午餐时，他就将自己的饭菜分给别人。遇到他喜欢吃的，别人自然而然地礼尚往来，让他吃个饱。后来在我的明令禁止下，没有人能帮他，但他吃饭时间能持续50分钟。这场吃饭的"拉锯战"持续了很长时间，看着他食不下咽，我都一度想放弃，何必为难孩子呢？似乎是看出了我的决心，别的同学也暗中劝说他，父母在家里也不迎合他的口味了，我更是将他一军。因为每天课间要进行高密度跑，他每次都无法坚持跑下来。他是个要面子的人，不甘人后，我就找他："吃饭时，你像个皇帝，跑步时，你连个乞丐都不如！就是有热馒头，你能抢到吗？"他很受刺激。慢慢地，他吃饭的时间逐渐缩短，大约一个月以后，这孩子"吃嘛嘛香"了，身材也"苗条"了不少。

有一天，他给我递了一张纸条，他很感谢我对他吃饭问题的坚持，但是他现在又面临新的问题。他认为家里人不理解他，尤其是他的父亲更是固执得可以，他无法接受父亲的教育方式。为此，我约见了他的父亲，我和他父亲确实在教育问题上有很大分歧。父亲的管理方式很简单——吃给你吃好的，喝给你喝好的，但是学习上必须也是最好的，如若不然，棍棒相见。简单粗暴的管理方式，势必让孩子做事畏首畏尾，孩子能力上的"愚笨"可见一斑。有一次，级部进行学习水平测试，这小子把一本英语书落在了考试的教室。找老师要钥匙拿书对于其他孩子来说是一件多么简单的事，相信连一年级的小朋友都能做到，但对于他却难于登天，这件事他自己办不了。我和他父亲就他的教育问题进行了一番长谈，他父亲也意识到孩子能力上的欠缺，随着他家长教育态度上的转变，这让我越来越有信心改造这个"娇惯王子"。

我建议他家长利用假期在锻炼孩子能力上下功夫，不能就让孩子只是专心学习。他家长确实照我的方法去做了，每一次进步，家长都会欣喜地给我发来短信。随着孩子能力的提升，孩子在学习上也取得了长足的进步。七年级上学期他还不愿意找老师补课，等到七年级下学期他能主动进办公室问问题了。八年级上学期他能自己坐公交车上学了，能够进超市买自己所需的物品了。到了九年级上学期，他变得更加开朗了，课上能大胆提出自己的质疑，课下能和同学为某一问题争论不休。

能力上的提升让他的韧劲儿也越来越强。跑步是他的一大弱项，但是每次跑步，他都会坚持到底，这让全班同学敬佩不已。九年级下学期在选拔指标生的时候，他申请了15中的指标生并一举成功。

　　回想此事，这个男孩的"蜕变"其实并不是个例。孩子身上折射出的是家庭教育的烙印。"享福"的孩子越来越多，能"吃苦"的孩子越来越少。生活物质的充裕，让孩子们生活在"福窝"里，等到孩子能力上出现"短板"时，家长才意识到要"亡羊补牢"。

　　要改变孩子，必先改变家长，改变家长的教育观念，得到家长的支持，互相配合，家校联手，教育孩子才会直击靶心，起到作用。

"雪中送炭"用真情

青岛第二实验初级中学　刘明红

无论哪个班集体，都会不同程度地存在一定数量的"问题学生"。他们有的表现为道德缺失，有的表现为学习不良，更有甚者学习和品德双差。不管是哪种问题学生，都存在缺乏自信、放弃自我、不能认识自身问题的倾向。因此，班主任在抓班风、促集体、立规矩的过程中，对这些问题学生的引导转化也是势在必行的。班主任应当以每个孩子的未来发展为本，尊重学生的个性差异，因势利导，着力培养孩子的自信心及全面素质，为这些孩子的成长送去人文关怀。

一、以情动人，架起舒心桥梁

教育是心与心的交融、情与情的共鸣。没有教育者的真情投入，哪有学生的真情回报。对学生而言，成长道路上的错误不可避免，相应的批评也尤为重要。用电闪雷鸣、疾言厉色的训斥"逼学生改过"，常常会出现阳奉阴违的回应，有时还会造成师生之间的对抗情绪，于被教育者有百弊而无一利。所以，班主任在工作中要做到"情在言先"，即从人格平等的理念出发，以真心的关怀、和蔼的态度、真挚的感情去激发学生的思考，引导学生去感悟学习生活，帮助学生拥有乐观向上的心态。如我班××同学，在军训期间一直被我和教官批评，因为个子高高的他做动作总是慢半拍，甚至走正步时顺拐，小动作很多，总摸鼻子。一天下午，他被教官揪出来站军姿，利用这个时机我决定找他谈一谈。先询问他的身体是否不舒服，因为总看他摸鼻子。这个高个男孩，眼泪"唰"地流下来了。他哭着说自己有鼻炎，总觉得鼻子刺痒，就想用手摸摸。我释然了："老师就知道你不会不认真，肯定是因为身体不舒服了。"他滔滔不绝地讲述鼻炎从小到大对他的折磨，我深深地体会到他所受的痛苦，赶紧找校医帮忙治疗他的鼻炎，后来又联系他的家长，他的鼻炎得到了缓解，做的动作终于标准了。其实，老师的理解和赏识是每个孩子都想要的。

二、抓准机会，巧搭向上阶梯

要使"问题学生"有良好的情绪和积极向上的情感，就应当在班集体中形成谅解、宽容、尊重、关心的良好氛围，达到"以境育人"的目的，这一点人所共知。我认为，与此同时，班主任必须根据具体情景，在适当的地方巧搭阶梯，使问题学生经过努力能获得成功。而亲身感受成功带来的愉悦情感体验，对他们是至关重要的。当然，这种阶梯因人而异，因时而异，有的适用于所有学生，有的则具有一定的特殊性。如我班学困生××，本来数学成绩还能及格，但后来因为学到函数部分他彻底放弃了，因为怎么听也听不懂，所以上课也变得不守纪律，甚至发展到对班级同学很冷漠。这让我很为他担心，决定帮助一下这个男孩。我先找到他，表扬了他过去做得很好，如今面临这么点小事就有些自暴自弃，不是男子汉所为。他有些难为情，但是实在是听不懂，后来在考试中我提前把考的重点方向告诉家长，让家长在家里提前辅导一下。随着练习次数的增加，他有了进步，也越学越有劲儿，觉得没有当时认为的那么难了。最后一次测验，他竟然考了个"良"，从这以后，他又恢复了以往的热情和活泼。教无定法，这是我巧搭阶梯、引导学生获得成功体验的一个特殊实例。

作为班主任，对于学习不良的学生要善于发现他们的优势领域，并帮助学生将优势领域灵活地迁移到弱势领域中，这将会为他们更好地创设成功的阶梯，这种阶梯则适用于所有学生。

学生不存在聪明与否的问题，每个学生都有其可取的一面，基于此，我抱着对问题学生的真诚欣赏与尊重，对他们予以特别的关注。通过与任课老师交流，了解这些孩子在这些科目上的表现，与学生本人谈话，帮他们分析成绩不理想的原因。通过丰富多彩的活动，引导这些孩子在其他领域找到优势突破口，从而起到以点带面的作用。由于以扬长为手段，通过学生的优势领域的特点迁移带动其弱势领域的发展，巧妙地搭设成功的阶梯，有效避免了学生进行横向比较，从而最大限度地维护了学生自尊，使他们重树了自信，激发了内部动力，他们质的转变也促进了班集体朝着积极健康的方向发展。

三、以信任为基础创造和谐境界

充分信任"问题学生"，是指班主任要相信学生是有能力学好的，相信学生可以改变。班主任的这种信任一旦传递给学生，就会使他们感到自己与其他学生一样具有才能，对自己的缺点有改正的勇气，对学习的困难有战胜的信心。学生在老师的信任中，会为老师的这份真情而努力克服不良习惯，因为他们很害怕失去老师的信任。当然，这种信任也会有失望的时候，老师要表现得痛心疾首，但仍旧信赖他们，这会加深学生对老师的感情。如果做到师生相互信任，教学的积极因素充分调动起来，教师愉快地教，学生愉快地学，创造师生间相互理解、尊重、信赖的和谐民主气氛，也堪称对学生的人文关怀。"问题学生"出现反复是必然的，这更需要教师有耐心、有信心。

四、助其交友，友情之花促成长

"问题学生"或暴躁蛮横，或任性冲动，或自卑孤僻，他们多数无法与同学融洽相处，在集体中缺少朋友，受到冷落。赞科夫有句名言，个性的发展，在孤独和隔绝中是不可能的，只有在儿童集体的内容丰富而形式多样的生活中才有可能。因此作为班主任，应关注他们的内心需求，助其交友，使他们走出"自闭自弃"的围城，帮其融入集体，并在良好的集体氛围中受到熏陶，不断进步。

我班的女生××同学长期被同学冷落。这孩子粗鲁蛮横，但对小动物充满爱心。据说，她家堪称小型动物园，地上跑的京巴狗、波斯猫，水里游的小金鱼、小乌龟，笼里养的百灵鸟、绿鹦鹉，可算应有尽有。我就安排她每天回家观察小动物的可爱举动，并适时用相机记录下来，做成课件放给大家看。记得放课件时，她神采飞扬，因为这是她一手完成的精心制作，从设计课件放映形式，到选择拍摄内容，每件事她都亲力亲为。带着自己的作品让大家欣赏，她的满足感和自豪感可想而知，同学们因为看了她做的课件因此与她有了更多的交流。我长长地吁了一口气，感到无比欣慰。我庆幸自己所做的努力。

最后，我要对所有班主任说，当面对那些思想、能力、志趣、性格迥异的问题学生时，千万不要忘记为他们送去人文关怀，给他们充分的信任和真心的关爱，为他们搭好走向成功的阶梯，必须使他们重新找回自尊和自信。正所谓：锦上添花皆欢喜，雪中送炭更是情！

愿得"学生心"，白首不相离

青岛第二实验初级中学　刘明红

毕业后，如果有人问我，"初中时你们班有多少人？"

我一定会说："52人。"

我们还有一个在讲台上写数学题，和同学们比赛计算的人；

有一个保护一切自习课、体育课"性命"的战士；

一个带着我们冲锋考场的司令；

一个与学生平等，让学生可信赖、依赖的家人。

感谢你那让人激动得脸红心跳的课堂；

感谢你穿上校服和我们一起站在方队里；

感谢你陪我们玩沙包，做游戏；

感谢你能聆听我的心事。

读着小溪的文字，思绪不禁飘向远方。

初见小溪的日子，不禁让我想起《情深深，雨蒙蒙》中的女主角——陆依萍，全身长满利刺，谁接近她，她就"扎谁"。一张小脸，凶巴巴地写满了几个字："躲远点，我烦着呢！"可能是作为班主任的职业敏感，越是这样的孩子，越引起我要了解她的兴趣。十几岁的女孩，如花的年纪，不应该这样，也不可以这样。

果不其然——单亲，父母离异给她造成了很大影响，父爱的缺失更使她极度自卑，于是她拼命学习，想在学习上找到自信，让别人不敢小觑。

这样的女孩让我心疼，心灵敏感，个性要强，母亲失败的婚姻，残缺的父爱，对她将来会造成什么影响？如果任其这样走下去，将来到了谈婚论嫁的年龄她会怎样？她会幸运地遇到一位何书桓吗？与其做被动等待，不如现在试着改变一下。

在和她母亲的一次次恳谈中，我们就孩子的教育达成一致。

她有两个"死党"，三人整天形影不离，从不和班里其他同学产生交集。因为她口才出众，所以校艺术节上，代表班级参加辩论赛，这样一来，和其他几位辩友有了交流，人际圈在扩大。除了助我们班拿到辩论冠军，她自己也获得了"最佳辩手"的称号，代表学校参加区里的比赛，俨然成为一名辩论明星。此时，我和她进行了第一次谈话，我们谈她的爱好，谈她钟爱的《三国志》，进而谈到她的家庭。我问她："你母亲最关心你什么？"她脱口而出："学习"。我说："你错了，她并不希望你在学习上如此拼命，她只希望你快乐。"紧接着我们谈人生，谈生活，我用我的方式告诉她，她的人生并不残缺，父母本来就不能跟我们一辈子，她可能只是比别的孩子提前多了一点经历而已，这并不是个例，没必要因此自卑，非要把自己全身武装起来。随着心情的放松，她能够大笑了。

后来，我又不断安排不同的女生和她同桌，这些温柔的女孩们再一次温暖了她的心。她大刺刺的男孩性格也慢慢展现。初二时，她一度迷恋cosplay这种童话式的人物扮演，这让她找回小女儿态，要母亲和她一起制作公主裙。她慢慢理解了母亲的不得已，初三冲刺阶段，她和母亲进行了一次长谈，因为她像一只放飞的小鸟，上了高中就开始住校了，她觉得母亲一人在家很是孤单，希望母亲能找到人生伴侣，过好下半生。

时下，单亲家庭比较普遍，但是由于传统作祟，这些单亲家庭走出来的孩子，势必会因为家庭变故留下这样或那样的烙印，有的自卑，有的失落，有的偏执。这些"受伤"的孩子，在属于自己的"小社会"中也是弱者，怕别人笑话，更怕别人看不起，强烈的自尊心和自我保护欲，让他们变得尖锐，但同时又是那样的脆弱。老师的工作，不单单是"传道、受业、解惑"，心与心的交流是抚慰这些孩子的良药。"愿得学生心，白首不相离"是我的教育誓言，既然选择了老师这个职业，就试着成为孩子们心灵的避风港，在孩子经历情感的暴风骤雨时，还有一个可以停泊的温暖港湾。

拔掉心底的杂草

青岛第五十八中学　杨　磊

"老师，我能不能找你谈谈？"

"怎么了？"

"我心里有块石头压着，但不是硬邦邦的，而是软绵绵的，上面长满了杂草，堵得我喘不过来气。"

"……"

小A在高二分班之后成绩一直不错，在班中能考到前三名。由于高二是新班，我以前没教过他，就在建班之初找他谈了话，提出了一些希望。上学期，他在我的鼓励下稳步前进，自信心也逐渐建立了起来。他在给我的信中说："没有想到新班主任对我有那么大的期待，我一定要努力，考上心目中的理想大学——国防科技大学。"但是这种积极的情况在下学期发生了转变。

小B上学期的学习成绩并不突出，在班中大概十几名。下学期期初考试，一跃成为班级第一。当时我分析，他应该是假期作业完成得不错，考了很多原题。小A却把小B当成了对手。他认为小B实力根本不如他。单元检测之前他来找我，说心理压力很大，想好好复习但是又千头万绪无从下手，生怕别人考得比自己好。我当时并没有觉得事情有多严重，安慰了他几句帮他减压，又指导了一些基本的学习方法。测试成绩出来了，小B又考了第一名。现在想来，那时小A的心理负担肯定是更重了。转眼来到了期中考试，他报名参加了奥赛培训。这个培训时间正好是考前一周，他想拿个奥赛奖，为以后自主招生铺路。但是之前他从来没有参加过奥赛的课程培训，学习起来非常吃力。培训班里好多以前的老学员，无论知识基础还是接受能力都比他强。当带队的姜老师从济南培训班给我打电话说小A想放弃学习回青岛的时候，我意识到这个孩子是扛不住了。我马上拨通了他的电话。

"小A，能不能说说你为什么不想学习奥赛了？"

"我觉得我跟不上，别的同学好像什么都会，但是我什么都不会。"

"这很正常，你前期没像其他人一样进行基础课的学习。这是最后一次培训，努力学就行了，没有人要求你一定都要学会。"

"老师，我怕继续学奥赛会耽误期中考试的复习，怎么办啊？"

"当初是你自己主动报名参加培训，应该已经做好要兼顾的准备了，况且咱们班又不是只有你面对这种情况，老师希望你能调整心态坚持下去，既然选择了，就努力去争取，先不要想后面的结果如何。"

"老师，我也想坚持，但是我心里就像长满杂草一样，堵得我喘不上气。老师，你帮帮我好吗？……"电话那头传来了一个无助少年号啕大哭的声音。我知道事情严重了，不能让他自己在房间待着，必须找个人看住他，避免他出现过激行为，同时要通知他的家长，把情况反映过去。

"小A，什么都不用想了，今天咱们不去上自习了。你想哭就尽情地哭吧，发泄出来就好了。你现在去洗个热水澡，清洗掉所有的烦恼和忧愁，我让小C回去陪你，你们可以好好聊聊，聊什么都行，没什么过不去的坎儿，好不好？"

"嗯，我知道了。"

晚上小C给我打电话，说已经"搞定"了。我心里一惊，忙问他如何化解的。他说他和小A两个人在黑暗的房间中蹲在墙角，打开心扉说了很多的烦恼和顾虑。小C同学阳光开朗，又是奥赛的老学员，他把自己的困惑和经历同小豪分享，又从同学的角度肯定了小豪的能力。两个人交谈了两个小时，滔滔不绝，居然把小豪的心结解开了。我不得不在心底为他点个赞，同伴的力量不可轻视。

我打通小A妈妈的电话，询问孩子是否经常出现这种考前焦虑的情况。家长向我透露了实情。原来在初中的时候，小豪的班主任和学校领导就特别重视他，他的成绩非常优秀，很多时候老师把他吹捧得完美无缺。但父母心里清楚，孩子并没有那么高的水平。校方的捧杀直接导致了他进入中学之后对自己定位不准，他觉得所有同学都不如他，考试成绩不理想也不是自己能力不够，而是自己没有认真对待，只要想考好，马上就能考好。但是随着文理分科，每个同学都开始认真起来，他反而压力变大了。尤其是他心目中不如他的小B连续两次超过他，他开始怀疑自己的能力。奥赛培训期间，这种怀疑发展到了极致，导致压抑许久的情绪爆发了。我和家长统一了意见，决定先让孩子考完期中考试再做他的思想工作。

期中成绩出来了，如预料中的一样不算理想。我和他爸爸见了面，分析了一下孩子的心路历程。小A爸爸还是很配合，承认自己对孩子的关心不够，给孩子的压力过大。其实，父子之间是可以更好地进行亲子沟通的。他给小A写了一封信。小A通过爸爸的信体会到了父母对自己的关心。

小A得到了老师的开导、同学的认可、父母的关心，慢慢地从阴影中走出来了。虽然以后可能还会经历更多的心理雾霾，但我相信他一定会回忆起他曾感受到的来自大家的关爱，自己坚强地站起来。试问哪个人没有经历过心底长满杂草的彷徨呢？这些本来就是成长所必须经历的。正是因为有了这些历练，我们的学生才能学会心理调节，勇敢地去面对纷繁复杂的社会。这个过程中有泪水，也有欢笑，这就是成长的味道。拔掉心底的杂草，我相信每个孩子都能够砥砺前行，迎接美好的未来。

学生是上帝派来修炼我的

青岛第五十八中学　杨　磊

　　走过了一年的高三班主任生涯，对这个岗位又有了新的认识。当我刚拿到分班名单，看到那几个级部众所周知的"问题学生"时，我知道，今年的工作不好做。这几个学生个性强、问题多，需要我不断地进行教育引导。

　　第一个是A同学。这个男生高一、高二时逃课逃自习，迟到顶撞老师，学习上也不思进取，个性十足。不过好在我高一的时候教过他，对他有一定了解，但是不够深入。接手班级后，我第一个单独谈话的学生就是他。谈话的内容以鼓励为主，新班级新开始，对每个人来说都是一次机会。他也和我说了高三的计划，不想再玩了，和他玩的那些同学不是去学艺术就是转学了，现在剩下他自己，只能学习了，而且他想学好，以级部前50名为目标。这使我很是欣慰，一个学生想学习了，问题就解决了一大半。我又询问了一下他的家庭情况，但是他不想说。我从他的眼神中看出有问题。不久，他妈妈就和我主动联系了。原来，他父母离异了，父亲因为工作原因对他的照顾不多，而母亲又比较唠叨，所以他一直和姥姥住在一起。因为父母对他的关心不够多，沟通上又出现了问题，在家庭那里得不到什么温暖。所以他有了一套自己为人处世的理论，尽管这套理论在我们看来是比较乖戾的。但是我想，孩子缺少的是爱，是真诚的爱，所以才会这样。他渴望尊重和理解。我就从这一点下手，不断地在同学中间表扬他、鼓励他，甚至是肯定他的一些非常规的做法，可这并不代表我纵容了他，犯错了该罚还是罚。慢慢地，他开始主动向我倾诉，主动向我提问题，主动讲起家里的一些事情。我能感受到他对我的信任。"一模"考试之后，他成绩不理想，和我说要回家反思半个月，说在学校的学习效率不高。乍听他这个决定，我是比较着急的。不过我按捺住了情绪，听他讲完理由后，虽然觉得有些幼稚，但是没有表现出来。我深知对待这样的学生最重要的是尊重。我帮他分析了这样做的利弊，然后让他自己选择要不要继续这个决定。他还是坚持回家，我就同意了，而且帮他说服了家长。半个月之后，他如期回到学校，成绩比以前提高了，人也比以前开朗了。经过最后一个阶段的努力，高考取得了令人满意的成绩。通过A同学这个案例，我明白了做学生工作最重要的耐住性子，尊重他们的决定。老师在学生成长过程中是一个引导的角色，但不是决定性的。路是孩子们自己要去走的，尊重、信任和关怀往往比要求、指责和惩罚来得更有效、更人性化。当很多人都说这个孩子不好的时候，我们更应该去关心这个孩子，去阅读他、了解他才能影响他。

第二个是B同学。这个学生我以前没有教过，但是据之前的老师介绍，也是一个比较麻烦的孩子。我和他接触之后，发现他高二曾经请了将近半个学期的假，理由就是学不进去。父亲因为工作基本照顾不到他，和母亲的沟通又几乎没有（当然他的妈妈要负一部分责任）。所以孩子很不愿意回家，回家了也基本不学习。但是B同学非常聪明，高三要是加把劲儿的话，应该很快就能赶上来。我选他做语文课代表，让他在班里有存在感。他很高兴，学习上也开始努力了。不过之前因为积习已久，还经常暴露出自己的一些坏习惯。例如，自习说话、疯闹、逃操等等，还有一段时间和其他班的女孩交往过密。这些问题他心里清楚，我比他更清楚。我没有过多地批评他，我不断地和他说，人生有起伏很正常，进步有反复也很正常。我明白他有想进步的心就已经够了。无论他有多少问题，在我看来都是成长道路上应该出现的，我会陪着他一起走过去，一起去经历青春的苦涩。也许是他感受到了我的真诚，也觉得那些表现对不起我，慢慢地，他的学习和生活也步入了正轨。我想，一个老师是不是真心实意地对待学生，他们是能感受到的。也许有的时候我们的付出并没有起到什么效果，但是潜移默化的改变还是时时刻刻在发生的。

当然班里不止有这两个调皮鬼，还有很多很多的人和事可以去品评。不过通过和这些学生的相处，我深刻体会到了教师这个职业、班主任这个岗位的不容易。班级中各种各样的学生组成了一个小社会，班主任需要有极大的度量去包容他们、理解他们。这个过程也是我和学生一起成长的过程，学生就是上帝派来修炼我的，他们也是我的作品。我第一次做班主任，把他们从高一带到高三，感情太深了。我会把在这三年积攒的经验和智慧在下一届学生中利用起来，教好书，育好人，使自己修炼到更高的层次。

心灵相约——浅谈班主任工作的"细枝末节"

青岛第五十八中学　褚　佩

在教育教学工作中，我深深体会到，爱与自由如同教育的阳光和雨露，滋润着教育行为；以人为本的教育，需要班主任及时与学生沟通，平等相待。这对于塑造学生的健康人格、培树学生的人生梦想、引领其追梦方向，有着极其重要的意义。

青少年处在特定的生理、心理发展阶段，思想和心态方面尚未成熟，更容易受到影响和冲击。在应试教育向素质教育转轨的今天，培养学生的良好心理素质、健全的人格是不容忽视的。特别是现在的学生承受着社会更多的关注、家长更高的期望，所以学生在心理压力和学习压力交织的情况下，负担更重。为了减轻学生心理上的负担，班主任需要多与学生沟通交流。

【案例1】

高一第二学期。一天早上，小涵（化名）同学在早读时就无精打采，一看就是前一天晚上没有睡好觉，这与平时的表现有很大不同，她本应走读，最近却要求在校午休，应该是在家里与父母有些小摩擦。

【主要工作及感想】

查找原因：小涵同学平时学习刻苦，典型的乖乖女，有一天突然找到我说，父母对她要求虽不严格，但是替自己着想的太多了，对自己做好一件事情没信心，总是担心她容易出错而不让她自己做，想吃什么也不问问自己的感受，总是认为买的多点就是关心自己等等。

对策：我跟她聊了很多自己的经历，分析这种想法很正常，但是父母的心情都是一样的，想让孩子少受一点伤害，少走一点弯路，回想一下这是父母最无私的爱，她也很认同。同时，我也跟她父母深入交谈过，提醒他们这种过度的爱不利于孩子心理成长，放手会是更好的爱。

【案例2】

411宿舍7位女生都是那种能力强、活泼好动、愿意交流的类型，而小哲（化名）同学平时不爱说话，回到宿舍与其他舍友基本上没有共同语言，很是苦恼。12月份的一天，已是晚上11点多，女生411宿舍像往常一样活跃，依旧在谈论白天班级发生的一些趣闻乐事。第二天早上，就听说女生宿舍"闹鬼"，据说是班里同学搞的恶作剧，听起来很吓人。我马上就把舍长叫过来了解情况，说是大晚上小哲站在漆黑的宿舍走廊里大笑，吓唬出去上厕所的舍友……

【主要工作及感想】

为了更好地体察小哲的心理需求，我又通过她周围的部分同学了解她各方面情况，知道了她在宿舍虽不合群，但打扫卫生时非常细心、认真，而且地理学得很好。在与小哲的谈话中，我肯定了她的优点，同时也指出了她不对的做法，尤其是心理上的情绪发泄方式，指出舍友之间应该和谐融洽地相处，向她明确说明她的行为是很不成熟、幼稚的表现。我特别强调，晚上说话的固然有错在先，我一定会批评她们，但极端的恶作剧式的报复会给别人造成精神上的创伤，做事情应三思而后行。最重要的是包容，还有要想把成绩赶上去，就必须把干预自己情绪方面的因素都抛到一边去。我跟她一起制定了本学期的学习目标，并且鼓励她多交往些品学兼优的朋友。我召开了411宿舍会，要求在宿舍里要创造一种宽松和谐、努力进取的氛围，舍友之间要互相鼓励和督促，消除隔阂，多一点忍让，多为舍友着想，这样的同学才是最受欢迎的。事实证明，这一场恶作剧改变了她们，她们的关系更加紧密，学习劲头儿越来越好。

【案例3】

平日自习，班主任在时，全班同学齐刷刷一个姿势，奋笔疾书；老师走后，有的人就坚持不住了，偷偷掏出本杂志来，趁别人不在意小睡一觉，甚至还有些同学痴迷小说、转头借点东西、说几句话等等。小雯在班级里是不爱说话的那种女生，看到你时就笑笑，但是自己内心隐藏着很多的秘密；由于假期的任务安排，我会通过微信发布一些信息，所以她加了我微信，但我一般也不会在朋友圈说话。有一次看到她朋友圈里这样写道："除了××，宿舍每一个人我看到后都感到恶心……"后来又看到她在朋友圈里这样写道："真心希望班主任不要再调座位了，要不周围全部是文科生了……"

【主要工作及感想】

每一天的自习课可以说是很宝贵的时间，你可以利用这段时间完成作业，整理笔记，重新思考今天白天上课不懂的内容。如果有剩余的时间，还可以自主学习。所以，我们要好好权衡，珍惜自习课的时间。你只要把睡觉前躺在床上玩手机、看小说的时间用来好好休息，又何必在自习课上睡觉呢？对于小雯，我跟她妈妈沟通较多，她爸爸是一名军人，妈妈由于工作原因对她关心也比较少，初中成绩优异的她，进入高中就有所懈怠，学习上动力不足，也不愿意多跟其他人交流，自我封闭。对她的引导我也只能是通过心理老师解决，有些时候我会多一点关心，交流起来就比较轻松，后来了解了她的想法，感觉还不晚，还有很足的动力，还是愿意去学习的。我内心欣喜，我的话也起了一定作用，努力没有白费。小雯越来越有信心，成绩虽没有很大的大进步，但是老师和父母都看到了希望。

【案例4】

下学期开始，小凯同学就有些显得心浮气躁，完全不在学习状态。有一天晚上，我跟他谈了谈，他父母对他期望也很高，但是一直没有太好的办法，回到家就喜欢唠叨，诸如"快学习吧""别再上网了，快考试了还不知道抓紧"等等，这些对处于极度叛逆期阶段的小凯而言，无法接受，跟妈妈产生了隔阂。在一次"念恩情"的主题班会上，几乎所有人都流下了下泪水，唯独小凯的泪水让我印象深刻。很多同学都写了给父母的一段话，班会开着开着，动情处，小凯眼泪一直往下流，每一段故事都戳痛了小凯的内心，可以看出他也渴望亲情。他渐渐地减轻了对妈妈的抵触，接下来的日子里，我时不时表扬他，还告诉了他父母，孩子的这些改变让老师和父母感动，我从他的一些作文或者行为中可以体会出，他是位重情重义的孩子，只是父母的爱的方式不对，鉴于此，平时多一些关爱会使孩子的内心敞开，教育的真谛莫过于此。

记得一次谈话中，小凯同学告诉我平时上课自己一听就懂，课堂表现也很活跃，很苦恼为什么成绩总是上不去。4月份学校辩论赛，我们班顺利过了第一关，其他班的每一场辩论赛小凯都去听了，然后把听到的一些情况记录下来交给我们班辩手们参考，记录很翔实，他的这份心，我非常感动，这样一位有集体荣誉感的孩子非常难得，理应受到表扬，之后小凯的学习动力更足，每天更加努力学习……

【主要工作及感想】

我张贴过一篇文章——《你凭什么上北大》。这个题目就把很多人震住了。里面有一段内容我觉得很好，作者写道："我一直对那种刻苦学习的学生有一种莫名的排斥情绪，总想，你有什么了不起，不就是死读书吗？我要是像你这样刻苦学习，我早是全市第一了。"后来一次班会课上，我说了这样一段话："我知道有些人认为自己很聪明，看不起那些刻苦的同学，总觉得人家是先天不足。可是我想说你只是懦弱！你不敢尝试！你不敢像他们一样去努力，因为你怕自己努力了也比不上他们！你宁可不去尝试，是因为害怕又失败的风险。"

我想说，努力与成功之间从来就没有等号。但是不努力、不拼，自然不能成功。如果你连胜利的信念都没有，只是整天膜拜着这个学霸、那个学霸，却不愿努力追赶他们，何谈成功？只要肯吃苦，学不下去的时候对自己说一句"再坚持一下"，就一定会有进步。

【案例5】

下学期期中考前自习。考前的晚上，老师会来辅导。当班里的老师超过两个时，底下不问老师问题的同学就开始浑水摸鱼了，趁这个时间，赶紧跟同桌聊聊漫画，谈谈NBA。还是那句话，有这些兴趣固然好，但现在不是讨论这个的时间。大洋和小黑就是这种类型，前后左右都能找到聊天的话题……

【主要工作及感想】

大洋就是一个典型代表，平时不拘小节，上自习管不住自己，东说两句、西说两句，静不下心来复习。那天晚上我找他谈了谈，考前的晚自习不同以往，利用好这几天时间，就做好一件事情，很多事情就会变好的。我们不仅要进行知识点的复习，还要将课本、学案、复习题、笔记本拿出来，做一个总结：我们这个阶段学了什么，我需要掌握些什么。有了一个整体的感知后，心里才有底，所以这个时候也是调整心态的最佳时期。那么，当班里很乱的时候怎么办呢？你要静下心来，使心情平复下来，全神贯注地投入你要记忆的内容中去。考试的第一天晚上，我们要高强度复习三大文科和物理。班里一度混乱的时候，很多同学捂着耳朵，低着头，也要逼着自己背书。有的同学甚至主动去老师办公室背书。这些同学的成绩自然是很好。所以说，学习是一件主观的事情，不是客观条件所能决定的。你要真想学，没有条件，自己创造条件也要学，要练就很强的定力——自制力。反之，如果连这一件事情都做不好，那么你有什么理由说自己没努力，只要稍努力一点就会进步的。最后期末考试，大洋同学由级部500名进步到249名，进步了251名次，一个个数字的背后是对大洋努力的回报。

【案例6】

大明，我们班最努力的同学之一，身兼数职，班级宣传委员、学生会生活部副部长、生物课代表、天籁杂志社成员等。担任班级宣传委员期间，他工作十分积极；但是上学期有一天，大明同学离家出走，父母着急得不得了，周日爸爸妈妈打电话问我有没有在学校，担心孩子想不开。

【主要工作及感想】

查找问题原因，走进学生心里。学生的生活条件、家庭环境、成长过程往往是形成学生心理欠缺的主要因素。与家长及时、深入地沟通可以获得许多直接信息。于是，我和大明的爸爸、妈妈通了电话。我了解到，大明出生在一个离异家庭，从小就很听话懂事，内心坚强但是很脆弱，大明随母亲一起住，母亲改嫁后，对大明要求很严格，可以说是有些严苛，有些时候还打孩子，这也造成了他从小心理脆弱、敏感。我把他母亲找过来，从晚上7点一直谈到10点多，从大明以及父母的交谈话语中找到破绽，逐个分析，这样母子间的心结渐渐打开了，孩子内心的恐惧感也消退了不少，关系也渐渐变得融洽了。家长也表示，一定配合学校做好孩子工作，学生表示尽量理解母亲的辛苦和对自己的爱！

每一个案例都是一个活生生的故事，都融入了我自己的真情与智慧，融入了我对学生的关心和爱，我不再是那个一味蛮干的班主任，而是越来越感觉到这种职业的幸福感，特别是每到分别的时候，总有那么一些牵挂和不舍，以前感觉怎么怎么不好，到失去时才感觉到弥足珍贵，当自己的学生给你打电话报喜或者说出对你的爱和不舍时，都是对你工作的肯定，这也是班主任的幸福感，做一位用心的班主任会更幸福。

教育是一门艺术，班主任工作的"细枝末节"更是一门艺术，一门爱的艺术。在我看来，班主任工作正是一种充满智慧的工作。作为班主任要具有爱心、耐心以及与学生、家长沟通的真心。几年的教育实践告诉我：一个笑容、一句暖心的话、一个眼神、一封信、一句评语都是很有效的交流，班主任要有效地去交流，用心去感受与学生们在一起的每个时刻。

易碎的玻璃心

青岛第五十八中学　王　海

2017年的8月27日，学校进行了教育教学工作会，发言老师的感人故事深深地打动了我，佩服之情油然而生……

陶行知老先生说过，真教育是心心相印的活动，唯独从心底发出来，才能打到心的深处。教育工作者应燃烧自己如火的热情，用真心做好德育教育工作，呵护每一个学生的成长。而作为一名高中班主任老师，在学生初步离开父母，面对独立生活的身心蜕变的关键时期，更应以自己如诗的爱心、如水的耐心、如玉的真心，去呵护每一个学生，让他们走稳高中这扎实的一步，再向自己的锦绣前程昂首挺进。

听着优秀老师代表的发言，让我想起了我20世纪90年代所带班级发生的一个故事。我们班有个学生×××，我高一开始带这个班时，就发现他上课从来都提不起学习的兴趣，要么搞小动作，要么影响别人学习；课下作业不做，即使做了书写也相当潦草……尤其是他在宿舍的表现十分恶劣，不仅不遵守规章制度，还多次顶撞生活指导老师，最严重的一次，他竟指着对他进行批评教育的管理老师口吐粗言。得知此事，我非常生气，一度认定他是根不可再雕琢的朽木。可是，随后发生的一件事不仅改变了他，更改变了我的看法。那日清晨他又在宿舍惹了祸，连着用篮球打破了两扇窗户，我匆匆赶过去后，未问打破玻璃的原因，却下意识地拉过他，仔细检查并焦急地问他有没有被玻璃划伤自己。被我拉住的他眼神一惊，渐渐地，有了我没见到过的缓和光泽。那天早自习后他破天荒地主动写了检查，从那以后，他开始看课本、补基础，开始帮助同学，在宿舍的表现更是有了质的飞跃，令我和全班同学都感到由衷的喜悦。

后来，×××同学给我写了一封信，其中有几句提到，当时他打碎玻璃时，我先关心的是他受伤没有，而不是先批评他损坏公物之事，这使他很受感动并许诺，以后一定要自觉遵守纪律，刻苦学习，为班级争光，为老师争光，要做老师一辈子的好朋友。

这就是一块碎玻璃和一颗真心的力量。教育是心灵的艺术。我们教育学生，首先要与学生之间建立一座心灵相通的爱心桥梁。这样，老师才会产生热爱之情。既然我们承认教育的对象是活生生的人，那么教育的过程便不仅仅是一种技巧的施展，而是充满了人情味的心灵交融。心理学家认为，"爱是教育好学生的前提"。对于×××这样特殊的学生，我也曾灰心失望，但我深知作为班主任的责任和使命，于是我改变方法，放下老师的架子（当然，老师也不该有什么架子）亲近他，敞开心扉，以关爱之心来触动他的心弦。先"动之以情"，用自己的行动告诉他，大家都关心他、需要他，愿意看到他的进步；再"晓之以理"，教导他无论身在班级还是社会，都应有原则，有主张，做有用的人。用师爱去温暖他，用真情去感化他，用道理去说服他，从而促使他主动地认识并改正错误，使他真正融入班级，为他今后人生道路的发展打下重要的地基。在更新教育观念的今天，作为一个热爱学生的教师，有责任让学生树立信心进而达到育人的目的。我们理应携起手来乘赏识之风，捧起关爱之情，燃起信心之火，播下希望之种，使每一位暂时落后的学生都能沐浴在老师的关爱之中，给他们指出前进的方向，让他们成为国家的栋梁之材！

这个案例是我近来研究的现阶段高中学生所存在问题的典型，却也不能以偏概全，囊括一切。但是，我们教育工作者应该永怀一颗以德育人的心，那是我们在教师这条路上能否走得笔直的尺度与准绳。我做了这么多年的班主任，虽不敢对事事、人人妄加评论，却一直坚信，我们眼睛里面的这些孩子，不管是乖巧的、坚强的，还是叛逆的、冷漠的，都同样有玻璃般的心，需要我们用温暖的手护在心口，需要我们用父母似的眼光看向他们，然后欣喜地知道，他们或隐匿或张扬的光芒，已经辉映成温柔的画卷，只等我们发现。

现在我已经是年龄相对比较大的班主任老师了，人们都说，学生喜欢年轻的班主任老师，所以我自己告诫自己，一定要让自己保持年轻的心态。我经常想，我现在是25岁的心态，要争取缩短和学生的距离，做学生的良师益友。

作为班主任老师，我不是只待在办公室里，而是大量的时间都是和学生一起度过的。早自习、下午自习、晚自习都是我观察学生的时间。我在教室里的时候，眼睛都盯在学生身上，一边观察一边有针对性地思考同学们在作业、听课中出现的问题，有的时候坐在教室里一节课只想一个学生我都不走神，问题找得准，办法总是有的。

所以我对自己提出的要求是"知彼"，只有了解学生，才能因材施教。

奉献是延伸不尽的爱。学生总是期待最后一节晚自习对面办公室关门的声音，那就意味着一点点解放，可高考的日子越来越近，办公室的灯再也没有在他们放学前关上过……每一个夜晚、每一节自习他们都会看到老师的身影，老师在细心观察每个学生，观察他们的静悟状态，观察他们的计划完成情况，观察弱科学习的时间安排……辛勤的付出有那么多回报……

王慧荣老师发言的最后一段话，让我感触许多，这时候回想班主任工作虽然辛苦，却又无比幸福。愿我们所有的班主任们做一个无忧智者，不迷失，总能找到自我，在智慧中度时光；做一个无畏勇者，无论面对什么，都不屈服、不畏惧，奋斗到底；做一个无敌仁者，用你的人格和魅力，给他人以震撼；做一个无疆行者，不停止不放弃对理想信念的孜孜追求。

"机"不可失

青岛第五十八中学　李翠玲

　　记得自己参加学校见习班主任的开班仪式时，那时候分管德育的副校长曾经跟我们说过，"作为一名教师，没有自己的亲学生就不能说自己当过老师。而要想有自己的亲学生，最直接的途径就是担任班主任"。那个时候的自己就开始憧憬：看着一个又一个亲手带出来的亲学生走向大学时自己会多么的幸福！

　　经过一年见习班主任的学习，第二年我终于成为一名班主任，现在已是第二个年头。说实话，当年副校长的那句话确实有道理，作为班主任的我确实在孩子心目中的地位要比任课老师高，从中体会到了很多幸福。当然有时候班级里的一些事情也会让我措手不及、焦头烂额，也让我明白了：付出与收获总是要成比例的。

　　如果说让我跟大家介绍班级管理经验，借用大学导师的一句话，"现在的我只能称之为经历而非经验"。在这我想跟大家分享两个我所遇到的小案例，两个让我感受到教育的神奇的小案例。

【案例1】

　　学生小K，沉默寡言，对周围的人、事不怎么关心，生活中任何事情都可以简单快速地处理，例如吃饭，总是速战速决。对待学习非常执着，属于刻苦努力型，成绩优异，被同学们称之为"学霸"。

　　这个学生是到高二重新分班之后，我才真正跟她接触的。还记得第一次考试她考了班级第一，年级37名，一个很不错的成绩。她成绩优秀，有些深沉，所以我不敢随意与她交流。这是我最强烈的感觉。

每次跑操她都是第一个到，跑完之后以竞走的速度回班继续学习；除非有极特殊的情况她是不会离开座位的；上课的时候很专注，该安静的时候她绝对不会说话……每一个环节都合乎要求，根本不需要我去纠正什么，一个典型的好学生。但是当你每天看到她这个样子的时候，你不会真的那么放心。

事情发展的突破点是一次期中考试之后的一个晚自习，她突然到我办公室问我有没有时间，想要跟我聊聊。当时的我真的是有种"受宠若惊"的感觉，立马说："有时间，很荣幸呢！"那天晚上，整整三个晚自习，基本上都是她在说、我在听，而且是她自己默默地盯着自己的手一直说。说的过程中我第一次觉得，有时候，太懂事好像真的会让自己很累。

这个孩子说的话让人心疼。她说："有时候自己也会觉得很累，可是累也没有办法，总得自己走下去，没有人会帮你。"她说："有时候当大家都在感冒生病的时候，我会告诉自己我的身体很好，一定不会生病的。"她说她想要去学一门语言，然后去芬兰争取在那里能够定居（因为那里环境很好），然后让自己变得足够强大，强大到把自己的爸妈也接过去，"班里的每个同学其实都是那么好，自己只是不想打扰别人"。她说了好多，最后说内心轻松了很多。我说："如果你愿意，我随时欢迎你来找我聊天。"

也许孩子压抑太久了，也许她也希望自己有交心的朋友，直觉告诉我，这只是一个开始，貌似是一个还不错的开始。

不出所料，之后的几天她又来找我了。根据第一次的聊天经验，我开始尝试去表达一些自己的看法，比如说同学们都很关心你，可以尝试着去跟同学交流一下，平时吃饭的时候不要吃得太快，尝试着去找一种调节内心情绪的方法（例如找老师聊聊、写写日记）等。总之，我把我和同学们平时对她的关注都告诉了她，把我们的担心也告诉了她，希望她能够感受到这个集体对她的召唤。

之后我开始引导她周围的同学去问她题，也许有些冒险，但是慢慢我发现，她开始给同学们讲题，哪怕刚开始的时候就只是那一两个同学，她开始听同学讲笑话并且偶尔也会跟着笑，慢慢地，她偶尔也会跟我开个玩笑，我发现这个孩子笑起来真的很好看。

现在偶尔会有学生问我"小K到底发生了什么"，我只是笑而不语，因为现在的她每天都很快乐，这已经足够了。

【案例2】

学生小Y，活泼开朗，大大咧咧。平时会找任何借口请假，思维敏捷，表面上对待成绩无所谓，实质自己也一直因为考不出理想成绩而苦恼。高一结束时母亲查出有癌症进行了化疗，治疗效果还不错。

这个孩子从高一入校以来就一直跟着我，本质很好，平时对于理科很有热情，平时也很努力，但成绩一直不理想，究其根本还是不够稳重细致。高一一整年，一直坚信只要他能发挥出来就肯定是一匹黑马，无果。

高二，曾经因为他妈妈的情况跟他聊过，希望能从男儿有担当这方面激发他，努力发奋，可是他每次都是默默无语，回到教室又变回了那个活泼开朗的他。其实我知道，他自己内心也很难受，因为我也有过类似的经历。

一次偶然的不幸，也变成了我的一个机会。高二上学期，他因为不小心破坏了走廊的墙面，未及时报修而被通报批评。记得当时孩子觉得委屈，很介意全校通报的事情。我也怕因为这样的事情影响孩子，可是改变不了结果。所以，我能做的就是肯定他，当时组里的老师还帮我开导这个孩子，希望能让这个事情对他的负面影响减到最小。记得当时他妈妈给我发信息道歉的时候，我给她回复说："这孩子是我一路带过来的，所以孩子的本性我很清楚，您回去不要批评他，好好安慰安慰他吧。"

之后到期末结束，他安静了很多，期末考试成绩第一次进入前列！当时我记得他妈妈不方便出席家长会所以单独找我了解情况，我俩都觉得很欣慰，这一次小小的错误让孩子成长了。

下学期，由于组织委员出国，该职位空缺，但是又不是班委改选的时候，于是跟班委们商议的结果就是先临时选择一人补上。在选择人选的时候我就想到了他，即使开始的时候部分主要班委并不看好他，觉得平时的他不太严肃。虽然我也不敢保证他一定会做好，但是内心还是赌了一把。不得不说他上任之后整个班级甚至班委变化很大。他主动找班长谈，谈班里现在的问题，然后帮班长分析并组织召开了一次长达两节晚自习的班委会。用班委的话说，班委会第一次开得这么正式并且大家都全程参与其中。那次的班委会对全班触动很大。

之后，班委们分成了小组，负责每个周的班会筹划。现在已经召开了三次，第一次全体班委向班级同学倡议，提升班委责任感；第二次是室外素质拓展，提升凝聚力；第三次是发现日常学习生活的问题，提升学习意识。应该说这个学期班级的整体运行情况要比上学期好很多，我想归根结底就在于班委真的是发挥了很大的作用。而激发班委责任心的就是这个新上任的组织委员。

当然，让我触动的事情还有很多，只是这两个孩子的转变让我感觉到了教育的神奇。也许平时在耳旁唠叨了千遍万遍，都抵不上一次"偶然"带来的效果巨大。我需要做的就是把握住每一次偶然到来的"机会"，让"它"在我们的孩子们身上发挥意想不到的效果。现在的我也仅仅处于事业的开端，我想之后还会有更多神奇的事情等待我去发现和感悟，这也正是教育的最大魅力！

从导师制看高中阶段学困生的成因与转化策略

青岛第五十八中学　刘孝雪

不少学生进入高中学段后，由于学习方式有了明显的改变，学习自主性的要求提高，一些在初中依靠家长、老师的强力约束甚至灌输的学生一下子无法适应高中学习生活，学业成绩出现较大波动。尽管目前评价趋向多元化，但标准化学业考试成绩仍是评价学生综合发展的一项重要指标。学业考试成绩往往是衡量学习效果最重要的指标。结合学业成绩进行个性化交流，必然能提高师生交流的有效性与针对性。在学校推进导师制的活动中，笔者发现作为"导师"的老师们对学生的指导也特别集中趋向于成绩变化的原因分析和提高措施等方面。学习困难生不等于差生，他们的问题主要体现在学习动机、思维品质、兴趣、学习习惯等方面，师生的有效交流可以极大地促进学困生的正向转化。

一、从导师的视角看高中阶段学困生的成因

个别谈话、座谈沙龙、组织活动、课外辅导、小型家长会等形式活泼、途径多样的导师制实施形式，让老师们可以"润物无声"地对学生的思想、学业、生活、心理等各方面进行指导，针对学生的个体差异，帮助学生解决学习和生活中遇到的困难和问题，并定期记录在记录本当中。我收集并阅读了多位优秀导师的谈话记录本，结合部分导师谈话记录、个人的班主任教育教学实践、对学生的观察、对学生的某些学科学习成绩的变化追踪、与家长的交流等内容，总结了以下几方面关于学困生的成因。

1. 学习动机缺乏

有相当一部分学习困难的学生是缺乏积极的学习动机，主要表现在学习目标不明确，既无远期目标，又无近期阶段目标。学习无计划，没有合理的时间安排，没有主动学习的习惯。比如，高三年级针对法定节假日对每个学生都有一个静悟计划，而这些学生大都草草了事甚至不做计划。因此学习上得过且过，学习效率低下，很难体会到学习上的成就感。

2. 思维质量不高

简单地说就是不爱思考、不爱提问，这些学生学习只重结果，轻过程，过分地看重分数而轻视学习过程，也就是说他们的学习活动缺少积极思考这一环节，只在乎别人对成绩的评价。在学习过程中他们懒于动脑，上课仅限于老师讲什么我学什么，被动接受老师提供的现成答案，不能积极主动地思考，更缺乏创新意识和创造精神，学习停留在机械记忆的低水平状态。学习行为更差的，甚至对老师的讲课内容毫不关心，只以完成当日作业为目的，或者干脆抄袭别人的作业。错了也不订正，每次考试后也不及时总结或者改错，而是只看老师有没有把自己的分数算错。

3. 注意力分散

注意力是贯穿整个学习过程的一种心理品质。调查发现，许多学习困难的学生表现为注意力不能持久。他们的学习动机、意志以及自我意识等方面存在较多障碍。他们的注意力很难持久，容易分散，上课时注意力持续时间很短，或者做小动作，或者处于失神状态，书也不翻，根本不动笔，或者趴在桌上睡觉，或者在桌面上及书上胡乱涂鸦，或者做与本堂课无关的作业，一心二用。在家里复习、做作业也是这样。举一个比较简单的例子：有的班级提倡自习课零抬头率、零回头率，而他们往往是百分之一百，只要教室外有动静必定抬头观望。

4. 学科兴趣低，其他兴趣干扰大

一个对某一学科产生强烈而稳定兴趣的学生，会把这门学科作为自己

的主攻目标，就会产生强大的学习动力，从而学习效率会大大提高。一般来说，一方面现在的高中学生，信息来源非常广泛，外界的诱惑非常大，因此学科学习远远不能满足他们的心理需要，他们的兴趣便转移到课外，如足球、篮球、手机、电子游戏、动漫等等，加上他们缺乏抵制能力，导致学科成绩下降。另一方面，与老师的主动交流非常少，甚至对老师抱有偏见，就更难以带着兴趣听好课，便出现了课堂上小动作不断的现象。

5. 意志力薄弱

现在的中学生多是独生子女，所处环境比较优越，从小缺乏艰苦的锻炼，因此表现在心理品质上为严重的意志薄弱，一是怕吃苦；二是怕难，做题只拣简单的做，遇难就退；三是心理脆弱，抗挫折能力差，遇到一次挫折便萎靡不振；学习惰性强，只依靠老师或别人解决困难，不去想办法自己解决。有些学生离不开课外辅导，有了家教辅助学习才能进行下去就属于这种情况。要知道，学习本身就是一项艰苦的劳动，没有坚强的意志品格，是无法搞好学习的。

6. 自我评价不当

有一部分学生自我评价过高，认为自己聪明，盲目自负，甚至不把老师看在眼里，把老师的激励性评价也作为自负的一个条件，这在一部分男生中表现比较突出。另一部分学生则是自我评价过低，认为自己笨，什么都不如别人，寄宿生活不适应，或者是一次考试不理想，或者是一次课堂提问没有回答上来等，便产生严重的自卑心理，这种情况以女学生表现得尤为突出。这部分学生最容易过分焦虑，尤其每次大型考试前，有些学生出现这样那样的身体不适而难以应付考试，都是过分焦虑的表现。无论自我评价过高或是过低，都是自我认知错误，都会对学习产生消极影响。

二、从学生的视角看高中阶段学困生的成因

班主任可以说是学生们最认可的导师。为了更准确地从学生的角度看待导

师制对学困生转化的影响，我做了一个小型问卷——《班主任与学生交流的有效性与针对性调研问卷》，从收集的有效问卷中有以下结论供老师们参考。

（1）学习成绩较弱的学生反馈与班主任交流偏少，成绩优良学生反应交流较多。

（2）学习成绩较弱的同学基本上是被动与老师谈话，成绩优良同学主动与老师谈话的更多。

（3）大多数学生认为班主任最关注学习成绩，其次是身心健康，对学生的兴趣爱好关注很少。

（4）大多数学生认为班主任的主动交流往往是因为成绩波动，部分学习成绩相对差一些的学生认为可能是行为习惯或者班级管理的原因。

（5）和班主任沟通较多时往往是在考试成绩出来以后，其次才是日常学习期间。

（6）大部分同学表示和班主任的沟通非常愉快，其次是感觉互相了解太少，成绩较弱的同学反应沟通困难的较多。

（7）成绩优秀学生认为班主任对他的成绩很了解，分析透彻，并能提出好的学习建议。成绩一般或较弱的同学大多认为老师能提出很好的学习建议，个别认为不了解，谈谈而已。

（8）学生们普遍认为班主任要更多了解班级和学生个体情况，其次是要真诚，然后是要讲谈话技巧。

（9）学生们最喜欢单独约谈和拉家常式的谈心，对书面交流、家访、网络沟通这些方式并不是很喜欢。也就是学生更倾向于面对面的交流，在一个轻松而且隐私的环境中较好。

（10）学生们认为与学习成绩相关性最强的因素是时间管理、学习习惯、意志力、情绪控制，成绩偏弱的学生选意志力的更多，老师的鼓励选的很少。

笔者所在高中每学年都组织开展与学生进行近距离沟通的"心灵相约""做一天学生"教育教学体验活动，通过老师和孩子们换位体验，拉近彼此心灵的距离，建立"亦师亦友"的和谐师生关系。笔者这几年带的毕业班比较多，高中毕业后孩子们更愿意敞开心扉和老师交流。结合问卷和毕业生的一些反馈谈一谈作为学生导师的一点反思。

（1）学生上课犯困不要把责任都推给学生，反思一下自己讲课是否精彩。也许你用心备课了，下一节课学生就会听得津津有味。也许你关注他了，他就会用心地学习你的这门课程。

（2）利用各种特征、各种联想想办法记住学生的名字。我们见学生的次数比见任何亲朋好友的次数都多，没有任何理由记不住学生的名字和特点。有的学生长得有特点，有的学生名字很特别，有的学生跟你说过悄悄话，这些都容易使我们记住他们的名字。试想毕业聚会上学生和你亲密合影，等着你说两句可是你却哑然，是否有些不妥。反思如果学生毕业了，走在大街上迎面相遇都不认识你这个老师，你是否会感觉有些尴尬呢？是否感觉少了一点成就感？

（3）给学生提要求尽量用"我建议"代替"你必须"，不要口口声声说是为了孩子好。相信你也不愿意听到领导这么强硬地指挥你，不愿意同事这么粗鲁地安排你。再冠冕的强迫也是强迫，再善意的控制也是控制。学生也有他们自己的成长发展的规律，所以很多事情要顺理成章地去完成，要遵循教育规律。一位同学在毕业故事中写道："让我感动的是老师的宽容。他们了解和尊重每一位学生的个性。对于我而言，他们非常耐心，可以容忍我犯过的各种奇怪的错误；他们尊重我的沉默，时常询问我的近况，表面平静地离开，却在一个不经意的时间拉我一把，对迷茫的我进行指导。我也渐渐明白，没有什么速生的成果，没有什么预设的轨道，每个人自己的道路都由自己决定，沿途的风景也可以尽情观赏。"

（4）不要放弃那些学习暂时困难的学生，更不要轻易说这么简单的题都不会做，除非你能让它变简单。学生是你教的，你没教会就不应该埋怨学生。另外，学生是有差异的，不要用同一个标准来衡量他们。一位学生在毕业故事中写道："正在值班的语文老师突然从讲台上走下来，在班里来回走时，悄悄伏在我的桌前，耐心地跟我讲：'你前几次考试的语文成绩一直都在往上升，这次好好复习，肯定也能考好。前几次考试你在成语上失误比较多，今天复习多看看成语。你的语文成绩在你总成绩里比较突出，这次语文再使劲加加油，我相信你一定行，好好复习！'这一次讲话大约有一刻钟，而在这一刻钟里，语文老师就一直保持着一种半蹲的姿势伏在我桌前，温柔又耐心地为我这次考试鼓励加油。老师讲完话，轻轻拍拍我的肩，便离开了教室。这次谈话，班里几乎没有人注意到，甚至语文老师本人可能已经不记得了，但他完全改变了我的心态。从此，我的语文成绩一次次稳步上升，语文成了我最爱的学科。"

（5）面对一个班的学生，优待那些貌不出众、内向的学生，越是长相普通、没有特点的学生越是需要老师给予足够的关注。不要眼里只盯着家庭显赫者、能说会道者、学习优秀者。一位很少主动和老师交流的学生在毕业故事中写道："老师是您鼓励我们去追逐梦想，用拼搏的汗水去浇灌希望；是您教会我们坚强，在低谷时也不要忘记远处的光亮；是您为我们指引方向，就算前路雾霭弥漫也不觉得迷茫。忘不了您深夜批改试卷的身影，忘不了您耐心的讲解，忘不了您无私的付出。这三年，是您让我们成为一个大写的人，这三年，有了您的陪伴，我们才能走得更稳、飞得更高！"

三、针对学困生的转化策略和具体实践

针对上述现象，我认为转化学困生的关键是激发学困生的主观能动性，力求促使他们高质、高效地在教师帮助下学习，最终实现独立自主的高效学习。

1. 激发学习兴趣，培养意志品质

首先我非常注意班级文化建设，辅以组织一些与学科知识有关的生动活泼的班级活动以引起这些学生对知识的兴趣。例如，英语角、每日成

语、社会热点聚焦、地理课前小知识等。其次，可以通过家访、个别谈心，了解这些学生的优点、兴趣，尽量在班级中给他们创造展示的舞台。要让学生在积极的情绪体验中产生兴趣，在学习中尽量消除厌烦、害怕等消极情绪，培养愉悦感、自豪感。

学习困难学生的意志品质比较薄弱，在关心他们学业的同时，应关注其意志品质的培养，促进其心理健康。引导学生坦然面对失败，鼓励学生敢于接受挑战性任务。此外，他们实际的学习习惯与学习方法跟我们所想象的情况尚有较大差距，从调查结果看，对学生学习方法的指导也是十分重要的。在给学习困难学生个别辅导时，要善于洞察学生学习过程中的点滴进步，并及时给予肯定和鼓励。让学习困难学生正确对待失败与鼓励他们取得成功是同等重要的。

2. 从细微之处培养良好习惯

学困生不仅学习基础差，而且学习习惯、学习方法、心理素质往往比较差，有的甚至不会预习、听课、做笔记、复习，缺乏合理的方法。如对听课情况，要求学生提前准备好课本、辅导资料，听课做笔记，经常性地进行检查并对个别学生进行专门辅导，把检查的结果及时向学生反馈。要让学生有选择地将老师讲的重要内容记录下来，作为课后复习的依据。要让学生逐步学会运用圈、点、批、划、抄等记录方法。把他们的注意力充分集中到课堂学习中来，逐渐养成良好的学习习惯。

3. 分组竞争，比学赶帮

为了形成竞争学习气氛，为了利用集体力量形成互助关系，笔者按照成绩将班级分成十个小组，小组长就是班级的前十名。每个小组都有自己的组名和前进目标，为此我们专门开了动员班会，充分调动了学生的兴趣和竞争意识。小组之间事事比，时时比。比如考前年级里发起了"学习专注的十个表现"讨论活动以促进学习效率的提高。我利用这一机会组织了一场成语大比拼比赛。每个组尽量多地找出描写学习专注的有关成语，并选出其中十个最能准确描述的成语作为大家努力的方向，由语文老师打分。这场大比拼，既让学生充分理解了学习专注的含义，又潜移默化地付诸行动。再比如两次考试后，算出每一个小组的进步分进行对比和表扬，激起了学生"比学赶帮"的热情。分组竞争不在于方式和过程，而是一种学习气氛的营造，一种对学困生的带动作用。

4. 落实导师制，结对子抓弱科

事实上我们班主任也经常会遇到这样的尴尬，平时被骂得"一文不值"的学困生，却在体育比赛、文艺活动时总会让班主任发出"如果没有这些学生，我班的名次将不堪设想"的感慨。既然是这样，那我们平时为什么不重视他们呢？他们之所以出现了学习上的困难，是因为他们在某一科或某几科后进，他们也有自己的优势。学校通过导师制全员育人，我把握这一时机，通过和老师协商，让弱科生与老师结对子。导师们采取个别谈话、座谈、组织活动、课外辅导等形式对自己指导的学生的思想、学业、生活、心理等各方面进行指导。我常常把这部分学生作为我的工作重点，及时表扬他们的进步，给予更多的关注和鼓励。事实证明这确实收到了很好的成效，这部分学生的信心大增，在学习中体会到了上进的喜悦，形成了良性循环。这部分学生管好了，那么整个班级也就管好了一大半。

5. 制订"我的进步计划"

本学期刚开始，老师就和班干部一起，商量设计了一系列主题班会活动。学困生对学习缺乏动力、缺乏热情，往往是因为没有明确具体的目标。要指导他们制定可以达到的目标，使之尝到成功的甜头，以激发进取心。于是我们班开展了制订"我的进步计划"活动。班级中每个学生都根据自己的学习状况，拟订了学期进步计划，这是调动学习内驱力的重要举措。期中考试后，我大张旗鼓地表扬了学困生中两名进步最快的学生，号召其他同学向他们学习。此后，又要求学生把目标定得更明确些，"跳一跳，够得着"，即在班级找一个成绩比自己好的学生，争取在期末考试中赶上他。我们还开展了"我的学习方法"经验交流会，"小故事，大道理"，制订"我的假期读书计划"等活动，为良好学风的营造起到了推动作用。

转化学困生是一个非常复杂的教育过程，要抱着满腔热忱，遵循教育规律，反复抓，抓反复；还需要学校、家庭和社会的密切配合，才能获得良好的效果。转化学困生的经验纵然千万条，但是离不开老师的爱心，让爱的阳光温暖其心灵，让爱的雨露滋润其成长。只要本着一切为了学生的目标，作为导师的我们总会找到一些办法、一些契机，让我们的教育更有力量！

一路梅花扑鼻香

青岛城阳区第二十中学　秦　营

2011年，初为人师。我教三年级，全班42个孩子，每个孩子都有一个笑脸，每个笑脸都是一朵红梅花。这就是我的第一个梅花班。

有朵小梅花那么的"特别"。透过他白眼球上的块块青色斑迹，我看到他的双眼里写的不是爱，通过和他的四目交锋，我发现他的眼神充满了不满。特殊的家庭环境造就了我眼前的这个孩子。果然，这个孩子真的很不一般，他的一切很快就如片片雪花络绎不绝地传到我的耳朵里。同桌要求换位置，同学们不喜欢，其他学生家长不认可……所有的一切将这个孩子无情地抛于荒岛上，他那么可怜和无助。当我的目光落到他身上的那刻，我就决定要"救他"。鼓励他在课堂上积极发言，教给他课下怎样融入同学的圈子，甚至找同学主动找他玩耍，让他感受到班级的温暖，让他知道他不是一个没有朋友的孩子。还记得学习《小露珠》这篇课文，我让他表演小蟋蟀，他黑乎乎的小手加上笨笨的小腿，把小蟋蟀表现得活灵活现，全班同学为他的精彩表演鼓起了掌。他也咧开嘴，憨厚地笑了。那一刻，我觉得他是这个世界上最幸福的人。

他给我的惊喜远远不止上课的精彩表现，最出人意料的是，学习成绩并不突出的他在期末考试中，数学竟然满分。在课堂上把鼓励和机会给孩子，孩子就会感受到这份来自老师的爱。过了很久，我才知道他的这个数学满分是多么的来之不易。

"秦老师，感谢您对孩子的关心。自从您接手这个班级，教咱们班语文和数学后，孩子学习兴趣提高了一大截。特别是在数学学科的学习上，孩子每晚上回来先做数学作业，并且跑到超市里去亲自感受每种零食的重量，自己通过亲身实践知道了克、千克这些概念。不仅如此，他还黏着我给他出各种题做……"孩子母亲的电话让我知道了这满分背后的一切。

期末考试的满分并不是这个孩子的结束，那一天，他妈妈在菜市场碰到我，拉着我的手，诉说了这个孩子从上三年级以来的种种变化，口中说着声声感谢，我知道那些话句句是肺腑之言，你很难想象一个年长你十几岁的女人在人来人往的大街上拉着你的手、说着感激的话、流着感激的泪是一种什么样的场景。那一刻，我真的体会到了有一种幸福叫"教育的成功"。初闻梅花淡淡香，我就爱上了这味道。

2012年，我教一年级，这是一个45人的小梅花班。刚出幼儿园的孩子个个像小魔头一样，吵闹、哭喊、不易管理成了他们的代言词。为了让学生能尽快转变角色、适应小学生活，我一天不进办公室，学校要求完成各种各样的表格，这些任务和备课只能放到下班回家去做。这种高强度的工作量，让我忘记了我自己，忘记了自己的生日，更让我忘记了我自己也是个女孩，也需要略施粉黛，也需要别人的关怀。就在此时，我在老家的母亲生病住院，一头是生我养我的母亲，一头是刚刚入校的孩子，我恨我无分身术，不能一边照顾好母亲，一边教育好孩子。每每通完电话，妈妈都要嘱咐我好好工作，不要挂念她，这时我都不敢多说一句话，我怕流下不争气的泪水打湿了母亲历经沧桑的心。一年级孩子的心像春天的泥土，播种什么，就会收获什么。开学初期，各项事务，如何上厕所、如何站队、学习习惯养成、班级规章制度学习等，我亲力亲为，手把手教给孩子。在爱和责任的教育下，我们小梅花班以最快的速度完成了从幼儿园到小学的转型。看到我们班孩子快乐地学习、健康地成长，我的嘴角也会轻轻地上扬，闻得梅花扑鼻香，就是我的一种幸福。

一路走来梅花香。2015年我调入城阳第二十中学，我的梅花班开到了初中。

一年年，梅花朵朵沁心脾。2017年的秋天，又一个梅花班盛开在校园。有朵小梅花叫锦涛。一米七八的大高个，不爱说话，文静的外表下，有一颗火热的心。

遵守纪律、团结同学、学习认真、成绩不错，在我眼中俨然一个好孩子。可能是学校又安排了一些任务给我，我在教室里的时间少了，抑或是他"伪装"得太好了，逃过了我的"火眼金睛"。直到家访时，真正了解了这个孩子后，才揭开了他"伪装者"的面具。这也让我有一个体会，接手一个新班级后，要赶紧了解每个孩子的情况，家访或是电访就是最好的途径。

结识一些不思进取的狐朋狗友，周六周日和他们外出上网吧、约架，赶在母亲下班前回家，周日马马虎虎应付作业。有一次，因为一些小事，他和母亲吵起架来，他用力攥住母亲的手腕，吐着脏字说："如果你不是我妈，我早就揍死你了！"那次吵架，他母亲手腕上的瘀青好久才消退。单亲母亲，含辛茹苦，这样的儿子如何让她不心酸。他真的是一个在校小天使，周末小魔头。

家访了解到情况后，我并没有立刻找他谈话、对他采取措施。我既要保住他伪装天使的面孔，又要想办法改变他。最爱他的人还是他的母亲。家访第二天她便找到我，让我早晚领着他一起上下学。因为我们住一个小区，并且之前的小梅花班，也有一些孩子跟着我一起上下学，我就爽快地答应了。

上下学路上十几分钟的路程，这是潜移默化影响他的主阵地。每天早晨他在我家楼下等着，从不迟到，一直按照约定时间到达楼下，我也是按照约定时间下楼，彼此不迟到，这是一种坚持，也是一种对约定的遵守。

上学路上，我给他分享一些成语故事、社会热点抑或是我读过的书，他总是很喜欢听，听完后还会发表一下个人看法，我总是很善于倾听他的见解，并将我的教育目的不动声色地传递给他。我最在意思想道德、知法守法方面的教育。

"锦涛，你最想去哪里旅游？"上学路上的话题从这句话开始。

"我想去北京。你呢，老师？"锦涛问。

我回答道："我想去欧洲，真想体验一下温带海洋性气候。再说，欧洲景点也特别多。"

"咱们地理书上都有介绍，法国凯旋门、法国埃菲尔铁塔、英国大笨钟……"锦涛说得兴高采烈。

"还有一处水城威尼斯，在意大利。威尼斯有一个著名景点——叹息桥，关于叹息桥还有一段故事。"我把我想要的介绍的主角慢慢引出来。

"什么故事？老师给我讲讲吧！"故事对每个年龄阶段的孩子都有吸引力。

"水城威尼斯有很多桥，叹息桥独特在哪里呢？是因为当时，叹息桥的两端连接法院与监狱两处，囚犯在法院接受完审判后，要通过这座桥到法院对面的监狱度过自己的一生，当囚犯通过此桥之时，心情复杂，特别是看到桥下驾船来看望自己最后一眼的亲人，内心的懊悔、痛苦涌上心头，又没有机会对家人诉说，所以只能化为一生深深的叹息。"就这样娓娓道来，不着任何斧凿之迹。

"原来是这样的故事。犯人内心一定很痛苦。"锦涛感慨。

"是啊，犯人自己懊悔痛苦，还有比他更痛苦的……"

"那就是他的家人。"锦涛说。

"是啊！自己好好的，平安、健康，就是对家人最大的回报。你觉得呢，涛？"

"嗯嗯，我也这么觉得，老师。"

放学路上，他就成了主角，他会告诉我今天学校里发生的一切他知道的事情。上课哪个同学活跃气氛引得满堂大笑了，这次考试哪道题被老师押到了，吃饭时老师给他们分饭时菜汤溅到袖子上了……

新学期又开始了，我们分享了"苔花如米小，也学牡丹开"的精神；

我们谈论春晚《岁月》而感慨岁月匆匆，劝君惜时；我们交流平昌冬奥会的比赛，"不想给对手和裁判留下机会"……

他的母亲告诉我，他变了很多，能体谅、理解、关心他的母亲，对学习的兴趣也越来越高，寒假在家认真备考地理生物中考。这朵小梅花越开越灿烂。

一路走来，一路花开。红梅朵朵，香盈心间。